DCG 9

EN FICHES ET EN SCHÉMAS

Collection dirigée par Mohamed-Ali Khaldi

La comptabilité

Mohamed-Ali Khaldi

ellipses

Retrouvez tous les ouvrages de la collection sur
www.editions-ellipses.fr

ISBN 9782340-058477

8/10 rue la Quintinie 75015 Paris

www.editions-ellipses.fr

Collection Le DCG en Fiches & en Schémas

La nouvelle réforme de DCG met l'accent sur l'acquisition des compétences techniques et les capacités d'analyse.

Le nouveau programme de DCG doit être mieux adapté aux besoins des cabinets et du marché du travail. Il est structuré autour de 4 parcours de 3 ou 4 UE chacun.
- Le droit des affaires ;
- La gestion comptable et financière ;
- L'analyse économique et managériale ;
- La communication et l'environnement numérique.

Les livres de notre collection ont pour ambition de donner aux étudiants le goût d'apprendre et surtout de maîtriser les concepts à travers des exemples améliorant la compréhension du programme et de faire le lien entre la théorie et la pratique.

Cette collection, conforme à cette nouvelle réforme, est conçue pour vous préparer efficacement à mieux réussir le DCG.

Pour chaque thème :
- un schéma pour suivre la progression ;
- un cours clair et bien structuré ;
- une synthèse pour retenir l'essentiel ;
- des cas corrigés et commentés pour s'entraîner et s'auto-évaluer ;

Tous les auteur(e)s de cette collection sont très expérimenté(e)s, chacun(e) enseigne en DCG et/ou en DSCG et membre du jury.

M.A. KHALDI
Directeur de la collection
Maître de conférences en Master CCA Université Paris Descartes

Des conseils pour réussir l'UE9

L'épreuve

La comptabilité est une épreuve écrite portant sur 4 dossiers, d'une durée de 3 heures, coefficient 1 et le nombre de crédits européens est de 14.

Objectifs de l'épreuve

- Vérifier la capacité des candidats à maîtriser les bases nécessaires à la tenue d'une comptabilité.
- Maîtriser les écritures comptables des opérations courantes et d'inventaires ;
- Analyser les différentes opérations et leurs enregistrements ;
- Connaître l'intérêt et les méthodes d'évaluation ainsi que la définition des concepts ;
- Maîtriser les concepts concernant la normalisation et la réglementation comptable ;

La rénovation met l'accent sur l'acquisition des compétences techniques et celles relevant de l'analyse.

Préparation à l'épreuve

La préparation à l'épreuve «comptabilité» exige une connaissance des concepts qui sont développés dans ce manuel.
Il faut un entraînement régulier à la résolution des cas simples, des exercices plus complexes et des annales.
Dans ce manuel, il y a des exemples simples pour mieux comprendre et maîtriser les concepts, des cas à la fin des chapitres et les corrigés pour mieux s'entraîner.

Pour bien réussir, il faut :
- Savoir rédiger des phrases claires et bien structurées sans fautes d'orthographe ;
- Utiliser le vocabulaire approprié ;
- Donner des réponses courtes et parfois même sous forme de tirets ;
- S'entraîner à calculer rapidement (il faut commencer par bien connaître les tables) ;
- Être vigilant aux verbes utilisés pour répondre à la question ;
- Prendre de recul pour bien maîtriser les concepts et commenter et analyser.

Le jour de l'épreuve

- Lire le sujet en intégralité pour repérer les thèmes à traiter en premier et faire votre stratégie ;
- Bien gérer le temps, le barème renseigne sur le temps à consacrer à chaque dossier ;
- Repérer les annexes inhérentes à chaque dossier pour ne pas perdre votre temps ;
- Traiter chaque dossier sur une feuille séparée pour pouvoir faire des allers-retours d'un dossier à un autre tout en gardant une bonne présentation ;
- Mettre le numéro de chaque question sur votre feuille. S'il y a une question à traiter sur l'annexe, il faut mette le numéro de la question et vous indiquez voir annexe (A, B, etc.) ;
- Porter un soin particulier à la présentation de votre copie, à l'écriture, au style et au vocabulaire ;
- Les écritures comptables doivent comporter un numéro des comptes, un intitulé des comptes et un libellé explicatif.

Enfin, il est important de relire votre copie et bien vérifier les annexes à rendre avec la copie.

Bon courage et bonne chance

Thèmes des sujets des sessions 2008 à 2021

Années	Thèmes
2008	• Dossier 1 (10 points) : Opérations économiques courantes : opérations diverses, opérations de financement (escompte, remboursement emprunt), déclaration de TVA • Dossier 2 (10 points) : Travaux d'inventaire et documents de synthèse : dépréciation d'une immobilisation amortissable, amortissement exceptionnel d'un logiciel, portefeuille titres, autres régularisations.
2009	• Dossier 1 (2,5 points) : Normalisation comptable : définition, objectifs, convergence • Dossier 2 (4,5 points) : Opérations économiques courantes • Dossier 3 (6 points) : Investissement et financement : subvention • Dossier 4 (7 points) : Travaux d'inventaire : amortissements et dépréciations, stocks, opérations diverses
2010	• Dossier 1 (1,5 point) : Normalisation et réglementation comptable : ANC • Dossier 2 (5,5 points) : Opérations courantes • Dossier 3 (4 points) : État de rapprochement bancaire • Dossier 4 (9 points) : Travaux d'inventaire
2011	• Dossier 1 (7,5 points) : Opérations courantes • Dossier 2 (3 points) : Production d'une immobilisation corporelle • Dossier 3 (5,5 points) : Portefeuille-titres : cessions, dépréciations • Dossier 4 (4 points) : Immobilisation par composants
2012	• Dossier 1 (8,5 points) : Opérations courantes : achats et ventes, charges de personnel • Dossier 2 (3,5 points) : Opérations d'investissement et de financement • Dossier 3 (4 points) : Gestion d'immobilisation : cession d'immobilisation, annexe • Dossier 4 (4 points) : Travaux d'inventaire
2013	• Dossier 1 (1,5 point) : Normalisation et principes comptables : objectifs de la normalisation, référentiel comptable • Dossier 2 (6,5 points) : Opérations courantes : titres, TVA • Dossier 3 (4,5 points) : Opérations d'investissement et de financement • Dossier 4 (7,5 points) : Opérations d'inventaire : amortissement d'un logiciel, régularisations diverses
2014	• Dossier 1 (3 points) : Normalisation et réglementation comptable : sources du droit comptable français, documents de synthèse, contenu de l'annexe, objectifs de la simplification des obligations comptables de l'avis de 14 janvier 2014 • Dossier 2 (7,5 points) : Opérations courantes : TVA, opérations courantes • Dossier 3 (9,5 points) : Opérations d'inventaire : immobilisations corporelles, stocks, créances, régularisations diverses.

2015	• Dossier 1 (2 points) : Normalisation et droit comptable : objectifs et contenu du PCG, organisme de PCG et organismes qui participent à la doctrine comptable française • Dossier 2 (9 points) : Opérations courantes : effet de commerce, TVA. • Dossier 3 (3,5 points) : Opérations de financement et d'investissement • Dossier 4 (5,5 points) : Opérations d'inventaire : amortissements, régularisations diverses
2016	• Dossier 1 (2 points) : Droit comptable : composition du patrimoine, sincérité, agents économiques et utilité des documents de synthèse • Dossier 2 (7 points) : Opérations courantes • Dossier 3 (3,5 points) : Opérations d'investissement • Dossier 4 (7,5 points) : Opérations d'inventaire
2017	• Dossier 1 (1,5 point) : Objet et principes de la comptabilité : définition et objectifs de la comptabilité, livres comptables obligatoires et contenu du libellé. • Dossier 2 (6 points) : Opérations courantes • Dossier 3 (4,5 points) : Travaux mensuels : TVA, option sur les débits, paie et rapprochement bancaire. • Dossier 4 (8 points) : Travaux d'inventaire : amortissements, créances douteuses et régularisations diverses.
2018	• Dossier 1 (1,5 point) : Normalisation et réglementation comptable • Dossier 2 (10 points) : Opérations courantes : titres, frais accessoires, TVA. • Dossier 3 (1,5 point) : Opérations d'investissement. • Dossier 4 (7 points) : Opérations d'inventaire : amortissements, cession et régularisations diverses.
2019	• Dossier 1 (1,5 point) : Définition et principes de la comptabilité • Dossier 2 (8,5 points) : Opérations courantes : port, TVA. Etc. • Dossier 3 (4 points) : Opérations d'investissement et de financement : immobilisation, emprunt. • Dossier 4 (6 points) : Opérations d'inventaire : amortissements, inventaire permanent, intermittent et régularisations diverses.
2020	• Dossier 1 (1,5 point) : Droit comptable et environnement numérique. • Dossier 2 (7,5 points) : Opérations courantes : port, TVA. Etc. • Dossier 3 (2,5 points) : Opérations d'investissement et de financement : subvention • Dossier 4 (8,5 points) : Opérations d'inventaire : amortissements, dépréciations, provisions et régularisations diverses.
2021	• Dossier 1 (2 points) : source droit comptable • Dossier 2 (9,5 points) : Opérations courantes : réductions, TVA. etc. • Dossier 3 (4,5 points) : Opérations d'investissement et de financement : valeur d'entrée, calcul et enregistrement emprunt **Dossier au choix** • Dossier 4 (4 points) : Opérations d'inventaire et environnement numérique : dépréciations, créances clients, amortissement. • Dossier 5 (4 points) : Opérations d'inventaire et régularisations diverses

Fiche 1

Rôle et organisation de la comptabilité

Schéma de synthèse

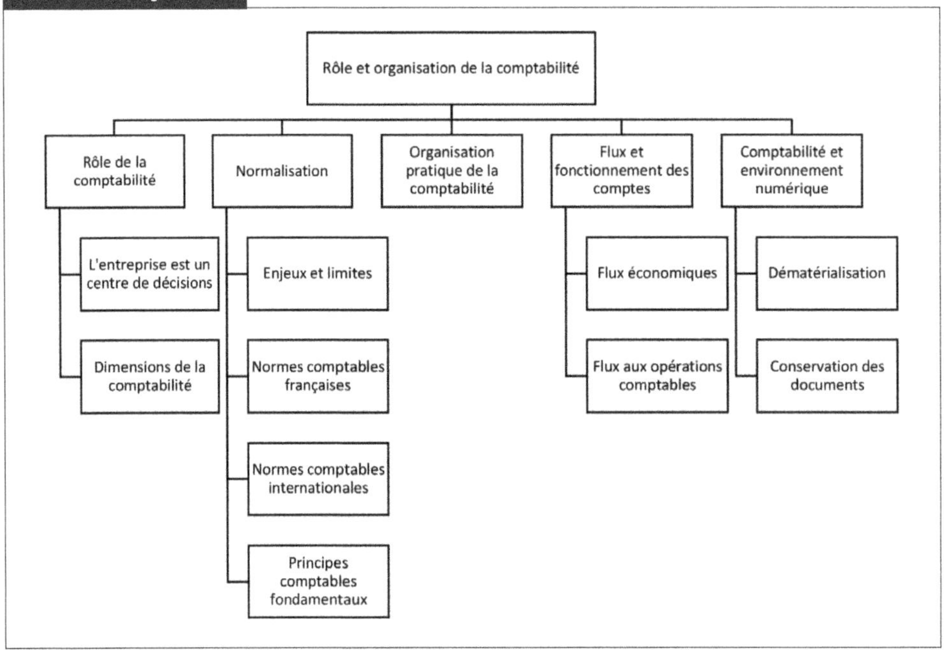

I. Rôles de la comptabilité

1. L'entreprise est un centre de décisions

Pour prendre des décisions l'entreprise doit préparer et traiter des informations. Il y a trois types d'utilisation des informations :
– la réponse à des obligations légales ;
– la préparation des décisions ;
– un outil de communication à l'intérieur et à l'extérieur de l'entreprise.

Il y a des informations qui concernent l'activité de l'entreprise composées des flux réels (marchandises, prestations de service, etc.) et des flux financiers (envoi d'un chèque, par exemple) et d'autres concernent le patrimoine.

Pour utiliser l'information, il faut la traiter. Il y a plusieurs étapes :
- la collecte, classement et la saisie ;
- le traitement ;
- le stockage ;
- la diffusion.

D'après l'article 121-1 de plan comptable « la comptabilité est un système d'organisation de l'information financière permettant de saisir, classer, enregistrer des données de base chiffrés et présenter des états reflétant une image fidèle du patrimoine, de la situation financière et du résultat de l'entité à la date de clôture [...] ».
Le premier rôle de la comptabilité est de répondre aux obligations légales de publication afin de fournir des informations sur la situation financière et la performance de l'entreprise aux différents utilisateurs.
Le deuxième rôle de la comptabilité est un moyen de preuve dans les litiges. Il faut conserver les pièces et les documents pendant 10 ans.
La finalité de la comptabilité financière est l'établissement des documents de synthèse. Elle n'enregistre que les faits passés et elle ne fait aucune analyse.
Le bilan est le document de synthèse qui décrit les éléments actifs et passifs de l'entreprise à une date donnée, c'est une image du patrimoine de l'entreprise.
Le compte de résultat est le document de synthèse qui récapitule les charges et les produits de l'exercice.

L'annexe est le document de synthèse qui comporte toutes les informations d'importance significative destinées à compléter et commenter celles données par le bilan et le compte de résultat.
Pour prendre des décisions les agents économiques utilisent les documents de synthèse. Les utilisateurs ainsi que les motifs d'utilisation des comptes annuels sont résumés dans le tableau suivant.

Utilisateurs	Motifs de l'utilisation
Dirigeants	Évaluer les décisions de gestion prises au cours de l'exercice Décider de l'orientation et des décisions futures à prendre.
Actionnaires et associés actuels et potentiels	Connaître l'état de « santé » de l'entreprise. Évaluer le potentiel de rentabilité de l'entreprise (en termes de dividendes et de valeur potentielle de revente des actions et parts sociales). Décider d'investir ou de se retirer du capital.
Fournisseurs	Connaître la solvabilité de l'entreprise (prévenir les risques d'insolvabilité).
Clients	Apprécier si le fournisseur est fiable.
Banque	Décider de l'octroi ou non d'un prêt, d'un découvert bancaire autorisé, d'un contrat d'affacturage...
État et administration fiscale	Déterminer le montant des différents impôts et taxes à verser au Trésor public.

Utilisateurs	Motifs de l'utilisation
Comité d'entreprise et salariés	Connaître l'état de santé de l'entreprise (prévoir les plans de licenciement économique). Négocier les augmentations de salaires, les primes, les abondements, l'intéressement, la participation des salariés aux résultats de l'entreprise...
Commissaire aux comptes	Effectuer sa mission légale et permanente de contrôle des comptes. Permettre de certifier la régularité et la sincérité des comptes.

2. Dimensions de la comptabilité

Il y a deux dimensions de l'information comptable :

A. Dimension contractuelle

Cette conception dérive de la théorie contractuelle des organisations, selon laquelle l'entreprise peut être considérée comme un ensemble de contrats entre divers agents économiques, internes et externes, participant à son activité. Cette conception n'est pas nouvelle car la comptabilité a d'abord été et reste encore (cf. l'article 17 du Code de commerce) un moyen de preuve entre commerçants. Mais ce rôle traditionnel a progressivement été relégué au second plan en raison des besoins d'information nés du développement des marchés financiers.

B. Dimension prédictive

Cette approche considère l'entreprise comme un « producteur » d'actifs financiers (actions et obligations) confronté aux clients (les investisseurs). Selon cette conception, l'information comptable doit servir aux investisseurs à anticiper des revenus et les risques qui y sont liés. Le Code de commerce art. L123-14 : « les comptes annuels doivent être réguliers, sincères et donner une image fidèle du patrimoine, de la situation financière et du résultat de l'entreprise. ».
La comptabilité est donc influencée par deux dimensions. Il y a l'approche Anglo-saxonne qui privilégie les attentes des actionnaires. Il n'y a pas de lien entre le résultat comptable et le résultat fiscal et l'approche continentale qui est régie par le principe de prudence et privilégie la protection des créanciers de l'entreprise. Dans cette approche, le résultat comptable est la base de la détermination du résultat fiscal.
Le système comptable français privilégie l'orientation contractuelle par son caractère extrêmement patrimonial. Le vieil adage selon « la comptabilité dit le droit » reste en vigueur. Néanmoins, les deux approches cohabitent aisément.

II. Normalisation (ou l'harmonisation)

La normalisation comptable est le processus de production de normes comptables. C'est un enjeu important, selon le contenu des normes, les états financiers changent. Les acteurs de la normalisation sont nombreux. Les pouvoirs publics et les professions comptables concourent au processus de normalisation avec des points de vue parfois différents.

La normalisation comptable consiste à :
- à produire des normes dans un espace géopolitique donné (régional, national ou mondial). La norme est une règle plus ou moins contraignante à laquelle doivent se conformer les entités définies.
- harmoniser des pratiques autour d'une règle commune respectée par chacun

Elle pour objectif :
- de répondre aux nécessités de transparence et de lisibilité de l'information financière.
- sur le plan micro-économique, elle renseigne le dirigeant et les autres parties prenantes de l'entreprise. Sur le plan macro-économique pour l'État et la bourse.
- de permettre les comparaisons entre entreprises dans un cadre national ou international.

1. Enjeux et limites

A. Enjeux

Ils peuvent être :
- un meilleur contrôle de l'application des règles ;
- un contrôle plus facile des comptabilités par les commissaires aux comptes ;
- une lecture plus aisée des comptes annuels par les tiers : banques, investisseurs, représentants de personnel...

La normalisation comptable répond notamment à :
- un besoin d'informations fiables et lisibles par tous (apporteurs de capitaux, banques, salariés, fournisseurs...) aux niveaux national et international ;
- assurer la convergence des référentiels comptables nationaux (optique patrimoniale en France, économique dans les référentiels anglo-saxons...) ;
- faciliter les comparaisons inter-entreprises.

Mais il faut prévoir de nombreux compléments pour tenir compte de divers secteurs d'activité. C'est le rôle des plans comptables professionnels.

B. Limites

- la normalisation ne gomme pas tous les particularismes ;
- de plus le droit comptable et le droit fiscal évoluent vers une autonomie croissante ;
- de nombreux choix comptables permettent de lisser le résultat de l'entreprise « comptabilité créative ».

Les pouvoirs publics sont liés par des engagements internationaux. Plusieurs organismes interviennent dans la normalisation :
- ONU (Organismes des Nations Unies)
- OCDE (Organisation des Coopérations et de Développement Économique)
- UE (Union Européenne)

2. Normes comptables Françaises

Les sources législatives et réglementaires du droit comptable français :
1er niveau le Parlement : texte législatif avec le Code de commerce (articles L. 123-12 à L. 123-28 et R. 123-172 à R. 123-208)
2e niveau le Gouvernement : textes réglementaires avec le Plan Comptable Général (PCG). Il définit les normes et méthodes comptables applicables aux entreprises françaises.

Son contenu :
- Objets et principes de la comptabilité ;
- Définitions des actifs, passifs, produits et charges ;
- Règles de comptabilisation et d'évaluation ;
- Tenue, structure et fonctionnement des comptes ;
- Documents de synthèses.

3e niveau l'ANC (autorité des normes comptables) créée par l'ordonnance de 22 janvier 2009, elle remplace le CNC et le CRC.

Sa mission :
- l'ANC est chargée d'édicter les prescriptions comptables et les normes de la comptabilité privée. Dans ce cadre, elle adopte les règlements comptables ;
- elle donne un avis sur tout projet de texte contenant des dispositions de nature comptable élaboré par les autorités nationales ;
- elle peut émettre des avis sur les projets de normes comptables internationales ;
- enfin, elle assure la coordination et la synthèse des travaux théoriques et méthodologiques conduits en matière comptable et peut formuler des recommandations dans ce domaine.

Il y a aussi l'Autorité des marchés financiers (AMF), créée le 1/08/2003 et habituée à prendre des règlements homologués par arrêtés publiés au journal officiel.

Parallèlement aux travaux de normalisation menés par la puissance publique, les organisations cherchent à harmoniser leurs pratiques.

Deux organismes dont les écrits participent à la doctrine comptable française :
- CNCC (conseil national des commissaires aux comptes) doté d'un code de déontologie, il publie des normes d'exercice professionnel homologuées par le haut conseil du commissariat aux comptes H3C. Il donne son avis lorsque le garde des sceaux lui demande.
- OEC, il diffuse auprès de ses membres des recommandations et des avis. Il publie des normes relatives aux missions de l'expert-comptable ainsi que des textes sur le comportement professionnel.

Sans oublier les directives européennes qui ont pour objectifs l'harmonisation de la présentation des comptes dans tous les États membres, la 4e directive du 25/07/1978 pour la présentation des états financiers, par exemple.

3. Normes comptables internationales

Il y a des organisations internationales :
- International Federation of Accountants (**IFAC**) basée à New York. Elle publie des normes d'audit, des normes comptables, des formations professionnelles, éthiques.
- *International Accounting Standards Committee Foundation* (**IASC**) basée à Londres est composée d'un conseil de surveillance et d'un comité exécutif (*Intenational Accounting Standards Board* **IASB**) qui publie des normes de comptabilités Financières : *International Financial Reporting Standards* **IFRS** et **IAS** (*International Auditing Standards*).
- Fédération Européenne des experts comptables (FEE). Son siège est à Bruxelles, elle joue le rôle consultatif auprès du conseil des comités et des organisations professionnelles nationales.

Les IFRS sont les normes internationales d'information comptable. Sont automatiques pour les comptes consolidés des sociétés cotées sur un marché réglementé depuis 2005. Pour les comptes individuels, toutes les entreprises doivent continuer à utiliser le PCG.

Les référentiels comptables qui s'appliquent aux sociétés commerciales françaises sont :
- le plan comptable général ;
- les normes ISA/IFRS des comptes consolidés des sociétés cotées.

4. Principes comptables fondamentaux

L'article L.123-14 du Code de commerce a défini les objectifs à atteindre par les comptes individuels : « les comptes annuels doivent être **réguliers, sincères** et donner **une image fidèle** du patrimoine, de la situation financière et du résultat de l'entreprise. »
L'objectif suprême de la comptabilité financière est de fournir une image fidèle (l'image aussi objective que possible de la réalité de l'entreprise) du résultat de l'entreprise. La régularité (est la conformité aux règles et procédures en vigueur) et la sincérité (les informations comptables doivent donner à leurs utilisateurs une description adéquate, loyale, claire précise et complète des opérations) sont les moyens d'obtenir l'image fidèle qui est la clé de voûte du modèle comptable actuel.
Les comptabilités s'appuient sur un certain nombre de principes pour atteindre l'objectif.

A. Concept d'entité

Il oblige de distinguer le patrimoine de l'entreprise de celui de ses propriétaires.

Il y a 2 logiques :
- logique de propriété
- logique de contrôle ou de pouvoir qui ignore le droit de propriété.

B. Principe de continuité de l'exploitation

Le cadre conceptuel IASB § 23 : « Les états financiers sont normalement préparés selon l'hypothèse qu'une entreprise est en situation de continuité d'exploitation et poursuivra ses activités… »
Ce principe a été repris par l'article L.123-20 du Code de commerce qui précise « pour leur établissement (comptes annuels), le commerçant, personne physique ou morale est présumé poursuivre ses activités ».
Ce qui permet de convenir que la valeur aujourd'hui est égale à la valeur d'acquisition sous réserve d'une dépréciation.

C. Principe de séparation des exercices

Le découpage de l'activité en périodes comptables et la détermination d'un résultat de chaque période conduisent au principe de l'indépendance ou séparation des exercices. L'inventaire a pour but de s'assurer de l'autonomie des exercices : charges à payer, charges constatées d'avance, les amortissements, etc.

D. Principe de la permanence des méthodes

Il permet la comparaison dans le temps, de la situation financière et du résultat, et dans l'espace par le biais de la normalisation. Il s'applique aux méthodes d'évaluation et aux méthodes de présentation des comptes.

E. Principe d'utilisation des coûts historiques

Les actifs sont comptabilisés pour le montant payé. Il y a deux avantages sont l'objectivité et la stabilité (constaté lors d'une transaction et reste intangible).
En revanche, ce principe, associé au principe de prudence, entraîne une sous-estimation systématique de la valeur des actifs. Les amortissements sont calculés sur des valeurs non actuelles.
De plus, ce principe n'empêche pas certaines manipulations comptables sur des actifs liquides.
Le mécanisme pour corriger ces inconvénients, c'est la réévaluation.

F. Principe de prudence

Mis en valeur pour éviter le risque de transfert sur les périodes à venir « d'incertitudes présentes susceptibles de grever le patrimoine et les résultats de l'entreprise ».
Il oblige à procéder, même en l'absence ou l'insuffisance de bénéfice, aux amortissements et provisions. Il interdit la comptabilisation des plus-values latentes.

G. Principe de la juste valeur

La juste valeur s'oppose au coût historique et au principe de prudence. La juste valeur est le montant pour lequel un actif pourrait être échangé, ou un passif éteint, entre des parties bien informées, consentantes et agissant dans des conditions de concurrence normale (IAS 39 § 9, IAS 41, § 8).
Les normalisateurs ont développé le concept de juste valeur (*fair value*) pour remédier aux insuffisances de principe des coûts historique (réalisation des plus-values latentes) et du principe de prudence (comptabilisation des moins-values latentes et ignore les plus-values latentes, il y a une asymétrie d'information).
Étant déterminée par référence à des données externes (prix de marché ou technique de valorisation), la juste valeur est neutre c'est-à-dire non influencée par l'entreprise. La référence à la valeur de marché est cohérente avec une conception financière de l'entreprise.

H. Principe d'importance relative ou significative

Ce principe a été mis en valeur par l'IASB qui précise que les informations non significatives ne sont pas pertinentes. Il faudra donc définir le niveau du seuil de signification. Par exemple, le droit comptable Français laisse des filiales hors du périmètre de consolidation.

I. Principe de non compensation

La compensation est expressément interdite par l'IASB, le Code de commerce et le plan comptable.

J. Principe d'intangibilité du bilan d'ouverture

L'article L.123-19 du Code de commerce : « le bilan d'ouverture d'un exercice doit correspondre au bilan de clôture de l'exercice précédent ».

K. Principe de prééminence du fond sur la forme (ou de la réalité sur l'apparence : substance over form)

Ce principe est présenté par le cadre conceptuel de l'IASB §35, et n'a pas été traduit explicitement dans la réglementation française ; « il est nécessaire que l'information soit comptabilisée et présentée en accord avec leur substance et la réalité économique et non seulement selon leur forme juridique ».

III. Organisation pratique de la comptabilité

La loi fixe à une année la durée qui sépare la constatation de deux stocks d'informations, cette période est appelée **exercice comptable**.

Au cours de cet exercice, les flux sont enregistrés par ordre chronologique. Pour donner une image fidèle de la situation de l'entreprise, il faut enregistrer tous les mouvements des flux qui émanent de différentes fonctions de l'entreprise.

Approvisionnement	Production	Fonction commerciale	Fonction GRH	Fonction Financière	Opérations diverses
Achats		Ventes	Calcul des salaires	Achat des immobilisations et des titres	Paiement des impôts
Traitement des factures reçues		Traitement des factures émises	Émission des fiches de paie	Cessions des immobilisations et des titres	Paiement des charges diverses
Règlement des fournisseurs		Règlement des clients	Règlements salariés et des organismes sociaux	Financement des immobilisations et des titres	Encaissement des produits divers

L'organisation classique suit les étapes suivantes.

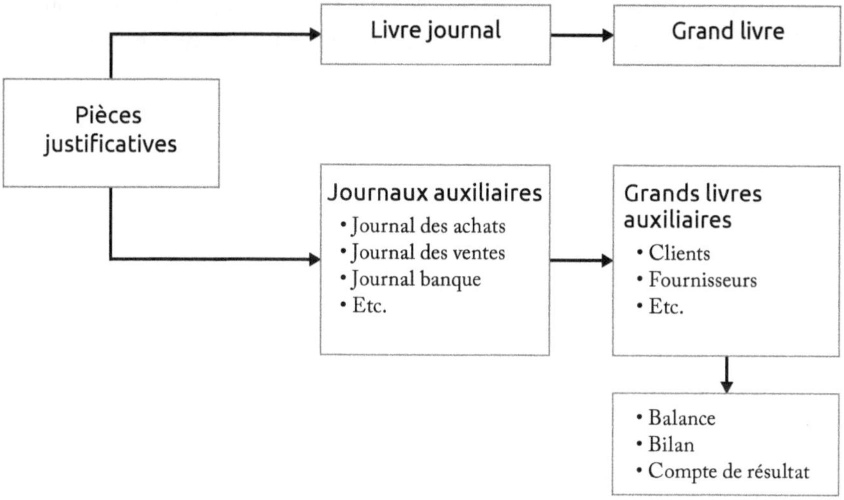

IV. Flux et fonctionnement des comptes

1. Flux économiques

A. Définition

Un flux économique est une quantité de biens, de services, ou monétaires en mouvement entre deux acteurs économiques.
Tout flux se caractérise par un sens et une valeur. Le sens du flux se traduit par l'existence d'une origine et une destination.
L'origine du flux implique une ressource et la destination implique un emploi.

B. Typologie des flux

a. Flux réels et flux financiers

Les flux réels correspondent à des mouvements de biens et services. Ils sont qualifiés de réels par opposition aux flux financiers. Les flux financiers correspondent à des mouvements de payer ou d'engagements de paiement.

b. Flux externes et flux internes

Les flux externes concernent plusieurs agents économiques, les flux internes concernent qu'un seul agent économique.
Les flux externes doivent être pris en considération dans la comptabilité. Seuls sont comptabilisés les flux qui ont un impact sur le patrimoine de l'entité.

La société DCG a réalisé les opérations suivantes :
– Achat de fournitures au fournisseur MOUHLI, paiement par chèque de 600 € ;
– Vente de marchandises au client MARTIN, encaissement par carte bancaire de 250 €.

Ces opérations peuvent être représentées de la façon suivante.

2. Flux aux opérations comptables

L'enregistrement comptable est l'inscription des flux dans des unités de base appelées « comptes ». Toute opération doit être enregistrée selon le principe de la partie double. Pour chaque opération, il faut utiliser au moins deux comptes différents. Un compte pour le flux entrant (appelé emploi ou destination) et un pour le flux sortant (appelé ressource ou origine). Chaque opération effectuée par l'entreprise a une origine et une destination : lorsqu'elle effectue une opération, elle utilise une ressource dans le but de l'affecter à un emploi précis.
Par convention, toute ressource se note à droite et tout emploi à gauche. La partie droite d'un compte est appelée aussi **crédit** (enregistre la ressource) et la partie gauche est appelée **débit** (enregistre l'emploi). L'égalité montant des débits et montant des crédits doit toujours être vérifiée. On dit alors que l'écriture est équilibrée.

V. Comptabilité et environnement numérique

1. Dématérialisation

Le processus de dématérialisation des pièces comptables consiste à passer de la manipulation des documents « papier » au profit des documents « informatiques ». La dématérialisation de la production comptable facilite le processus de gestion des flux de documents notamment au niveau logistique et relation avec le client. Lorsqu'elle est couplée à une fonctionnalité permettant de reconnaître les caractères (OCR : Reconnaissance Optique de Caractères) et dotée d'algorithmes très puissants capables de capter des données (LAD : Lecture Automatique de Documents), elle alimente automatiquement la saisie d'écritures comptables en proposant une pré-imputation. La dématérialisation permet également le classement et facilite l'accès à la consultation et à la recherche de documents comptables au moment de la révision.

Les enjeux de la dématérialisation comptable sont :
- tirer parti des gains de productivité et de réduction des coûts liés à Internet et à la dématérialisation
- rester compétitif en développant de nouvelles offres de services

Le plan comptable général transpose aux comptabilités informatisées les principes obligatoires de tenue des comptabilités « manuelles ».
Le respect de ces principes est la condition nécessaire du caractère régulier, sincère et probant des comptabilités informatisées.
L'article 911-2 du plan comptable général précise qu'« une documentation décrivant les procédures et l'organisation comptables est établie en vue de permettre la compréhension et le contrôle du système de traitement ; cette documentation est conservée aussi longtemps qu'est exigée la présentation des documents comptables auxquels elle se rapporte ».

2. Conservation des documents

En application de la législation fiscale, ***les pièces justificatives doivent être conservées pendant 6 ans à compter de la date à laquelle elles ont été établies***, afin de permettre à l'administration fiscale d'exercer ses droits de communication, d'enquête et de contrôle. Mais, dans diverses situations, cette durée est allongée.
Les entreprises industrielles et commerciales, dont l'activité relève du Code de commerce, et quelle que soit leur forme (entreprises individuelles, sociétés), doivent conserver leurs pièces justificatives pendant 10 ans (article L123-22).

Lorsque les pièces justificatives sont établies ou reçues sur support informatique, elles doivent être conservées sous leur format informatique original jusqu'à la fin de la troisième année qui suit celle à laquelle elles se rapportent.
À l'issue de cette période, et jusqu'à l'expiration du délai de conservation obligatoire, on peut changer de support et les conserver sur tout autre support.
Lorsque les pièces justificatives sont établies ou reçues sur support papier, elles peuvent être conservées sous cette forme pendant toute la durée requise. Depuis le 31 mars 2017, elles peuvent également être numérisées en respectant des contraintes techniques imposées par la législation fiscale et être conservées sous une forme dématérialisée. Mais une numérisation avec génération d'un fichier au format PDF standard n'est pas acceptée.
Les factures reçues ou émises sur support papier depuis le 31 mars 2017 peuvent être numérisées pour être conservées sous forme dématérialisée. De simples scans avec génération de fichiers PDF ou images ne sont pas admis.

Ce qu'il faut retenir

- La comptabilité a deux rôles :
  - Répondre aux obligations légales ;
  - Moyen de preuve.
- La normalisation consiste à :
  - répondre aux besoins de transparence et de compréhension des comptes
  - harmoniser les pratiques autour d'une règle commune respectée par chacun pour permettre la comparaison entre entreprises dans un cadre national ou international.
- Le principal acteur français est l'autorité des normes comptables.
- Les avantages de la normalisation
  - un meilleur contrôle de l'application des règles ;
  - un contrôle plus facile des comptabilités par les commissaires aux comptes ;
  - une lecture plus aisée des comptes annuels par les tiers : banques, investisseurs, représentants de personnel...
- Les limites de la normalisation
  - la normalisation ne gomme pas tous les particularismes ;
  - de plus le droit comptable et le droit fiscal évoluent vers une autonomie croissante ;
  - de nombreux choix comptables permettent de lisser le résultat de l'entreprise « comptabilité créative ».

Origine de l'ANC

- L'Ordonnance n° 2009-79 du 22 janvier 2009 a créé l'Autorité des normes comptables en fusionnant les anciennes institutions de normalisation qu'étaient le Conseil national de la comptabilité et le Comité de la réglementation comptable.

Missions de l'ANC

- l'ANC est chargée d'édicter les prescriptions comptables et les normes de la comptabilité privée. Dans ce cadre, elle adopte les règlements comptables ;
- elle donne un avis sur tout projet de texte contenant des dispositions de nature comptable élaboré par les autorités nationales ;
- elle peut émettre des avis sur les projets de normes comptables internationales ;
- enfin, elle assure la coordination et la synthèse des travaux théoriques et méthodologiques.

- Les deux organismes dont les écrits participent à la doctrine comptable française
  - L'ordre des experts-comptables (OEC)
  - La compagnie nationale des commissaires aux comptes (CNCC).
- L'expert-comptable a une mission contractuelle

- Le commissaire aux comptes a une mission légale.
- Les référentiels comptables pour les sociétés commerciales françaises sont:
  - Le Plan Comptable Général (PCG) pour les comptes individuels;
  - Les normes ISA/IFRS pour les comptes consolidés des sociétés cotées depuis 2005.
- Au cours de l'exercice comptable, les flux sont enregistrés par ordre chronologique.
- Par convention, toute ressource se note à droite et tout emploi à gauche. La partie droite d'un compte est appelée aussi **crédit** et la partie gauche est appelée **débit.** L'égalité montant des débits et montant des crédits doit toujours être vérifiée. On dit alors que l'écriture est équilibrée.

Cas Intro

Dossier 1

1. Rappelez les rôles de la comptabilité
2. Quels sont les motifs d'utilisation des comptes annuels pour le comité d'entreprise et les salariés ?
3. Comment est considérée l'entreprise selon la dimension contractuelle et la dimension prédictive ?

Dossier 2

1. Citez et définir les moyens pour atteindre une image fidèle
2. Quels sont les inconvénients du principe des coûts historiques ? Quel est le moyen pour y remédier ?
3. Rappelez le rôle du principe de prudence
4. Rappelez la définition et l'objectif de la juste valeur

Dossier 3

1. À quoi consiste la normalisation ? Quel est le principal acteur français ?
2. Quels sont les avantages et les limites de la normalisation ?
3. Quel moyen pour tenir compte de divers secteurs d'activité ?
4. Rappelez l'origine et les missions de l'ANC.
5. Citez deux organismes dont les écrits participent à la doctrine comptable française.
6. Quels référentiels comptables pour les sociétés commerciales françaises ?

Dossier 4

1. Rappeler le contenu du recueil de normes comptables françaises publié par l'ANC ainsi que ses objectifs.
2. Indiquer par qui et pourquoi les règlements de l'ANC doivent être homologués.
3. Expliquer la notion d'image fidèle indiquée dans l'article 121-1 du PCG.

Solution

Dossier 1

1. Rappelez les rôles de la comptabilité

- Répondre aux obligations légales de publication
- C'est un moyen de preuve en cas de litige

2. Quels sont les motifs d'utilisation des comptes annuels pour le comité d'entreprise et les salariés ?

Pour connaître l'état de santé de l'entreprise (prévoir les plans de licenciement économique).

Négocier les augmentations de salaires, les primes, les abondements, l'intéressement, la participation des salariés aux résultats de l'entreprise

3. Comment est considérée l'entreprise selon la dimension contractuelle et la dimension prédictive ?

Selon la dimension contractuelle : l'entreprise peut être considérée comme un ensemble de contrats entre divers agents économiques, internes et externes, participant à son activité.

Selon la dimension prédictive : l'entreprise est un « producteur » d'actifs financiers (actions et obligations) confronté aux clients (les investisseurs). Selon cette conception, l'information comptable doit servir aux investisseurs à anticiper des revenus et les risques qui y sont liés.

Dossier 2

1. Citez et définir les moyens pour atteindre une image fidèle

Une image fidèle est l'image aussi objective que possible de la réalité de l'entreprise.

La régularité est la conformité aux règles et procédures en vigueur ;

La sincérité est le fait que les informations comptables doivent donner à leurs utilisateurs une description adéquate, loyale, claire précise et complète des opérations.

Ce sont les moyens d'obtenir l'image fidèle qui est la clé de voûte du modèle comptable actuel.

2. Quels sont les inconvénients du principe des coûts historiques ? et quel est le moyen pour y remédier ?

Ils entraînent une sous-estimation systématique de la valeur des actifs. Les amortissements sont calculés sur des valeurs non actuelles.

Ils n'empêchent pas certaines manipulations comptables sur des actifs liquides.

Le mécanisme pour corriger ces inconvénients, c'est la réévaluation.

3. Rappelez le rôle de principe de prudence

Il évite le risque de transfert sur les périodes à venir « d'incertitudes présentes susceptibles de grever le patrimoine et les résultats de l'entreprise ».

Il oblige à procéder, même en l'absence ou l'insuffisance de bénéfice, aux amortissements et provisions. Il interdit la comptabilisation des plus-values latentes.

4. Rappelez la définition et l'objectif de la juste valeur

La juste valeur est le montant pour lequel un actif pourrait être échangé, ou un passif éteint, entre des parties bien informées, consentantes et agissant dans des conditions de concurrence normale.

Les normalisateurs ont développé le concept de juste valeur (*fair value*) pour remédier aux insuffisances de principe des coûts historique (réalisation des plus-values latentes) et du principe de prudence (comptabilisation des moins-values latentes et ignore les plus-values latentes, il y a une asymétrie d'information).

Étant déterminée par référence à des données externes (prix de marché ou technique de valorisation), la juste valeur est neutre c'est-à-dire non influencée par l'entreprise. La référence à la valeur de marché est cohérente avec une conception financière de l'entreprise.

Dossier 3

1. À quoi consiste la normalisation ? Quel est le principal acteur français ?

- Répondre aux besoins de transparence et de compréhension des comptes
- Harmoniser les pratiques autour d'une règle commune respectée par chacun pour permettre la comparaison entre entreprises dans un cadre national ou international.

C'est l'autorité des normes comptables.

2. Quels sont les avantages et les limites de la normalisation ?

Les avantages :

- un meilleur contrôle de l'application des règles ;
- un contrôle plus facile des comptabilités par les commissaires aux comptes ;
- une lecture plus aisée des comptes annuels par les tiers : banques, investisseurs, représentants de personnel…

Les limites :

- la normalisation ne gomme pas tous les particularismes ;
- de plus le droit comptable et le droit fiscal évoluent vers une autonomie croissante ;
- de nombreux choix comptables permettent de lisser le résultat de l'entreprise « comptabilité créative ».

3. Quel moyen pour tenir compte de divers secteurs d'activité ?

Il faut prévoir de nombreux compléments pour tenir compte de divers secteurs d'activité. C'est le rôle des plans comptables professionnels.

4. Rappelez l'origine et les missions de l'ANC

Origine :

L'Ordonnance n° 2009-79 du 22 janvier 2009 a créé l'Autorité des normes comptables en fusionnant les anciennes institutions de normalisation qu'étaient le Conseil national de la comptabilité et le Comité de la réglementation comptable.

Missions :

- l'ANC est chargée d'édicter les prescriptions comptables et les normes de la comptabilité privée. Dans ce cadre, elle adopte les règlements comptables ;
- elle donne un avis sur tout projet de texte contenant des dispositions de nature comptable élaboré par les autorités nationales ;
- elle peut émettre des avis sur les projets de normes comptables internationales ;
- enfin, elle assure la coordination et la synthèse des travaux théoriques et méthodologiques.

5. Citez deux organismes dont les écrits participent à la doctrine comptable française

L'ordre des experts-comptables (OEC)

La compagnie nationale des commissaires aux comptes (CNCC).

6. **Quels référentiels comptables pour les sociétés commerciales françaises ?**

Le Plan Comptable Général (PCG) pour les comptes individuels.

Les normes ISA/IFRS pour les comptes consolidés des sociétés cotées depuis 2005.

Dossier 4

1. **Rappeler le contenu du recueil de normes comptables françaises publié par l'ANC ainsi que ses objectifs.**

Contenu : Le recueil comporte deux niveaux de textes :

- D'une part, les dispositions réglementaires à portée obligatoire présentées sous forme d'articles, issues du règlement ANC N° 2014-03 du 5 juin 2014 relatif au plan comptable général et des règlements de l'ANC le modifiant.
- D'autre part, ces articles sont complétés des dispositions issues de textes non réglementaires de l'ancien Conseil National de la comptabilité (CNC) et maintenant de l'ANC, présentées sous forme de commentaires permettant d'illustrer et d'expliquer la règle énoncée.

Ainsi, il reprend, pour un même sujet, l'ensemble de la réglementation issue du PCG (couleur noire) et des éléments de doctrine émis au fil du temps par les institutions en charge de la normalisation comptable (couleur bleue).

Objectifs : Le recueil a pour objectif de rassembler, dans un **document de référence exhaustif et pratique**, l'ensemble des textes comptables généraux et **de faciliter l'accès au droit comptable** par les utilisateurs qui ont ainsi, à leur disposition, l'intégralité des références sur un sujet donné, dans un outil unique, lisible et accessible à tous (praticiens, enseignants et étudiants, régulateurs, préparateurs des comptes…).

2. **Indiquer par qui et pourquoi les règlements de l'ANC doivent être homologués.**

Les règlements de l'ANC sont homologués par arrêté du ministre chargé de l'économie.

Ces règlements, après homologation, ont donc un caractère obligatoire et entrent en vigueur à compter de leur publication au Journal Officiel.

3. **Expliquer la notion d'image fidèle » indiquée dans l'article 121-1 du PCG.**

L'image fidèle n'est pas définie précisément par le PCG. C'est une notion globale qui se traduit par l'obligation de fournir loyalement toute l'information utile et pertinente pour permettre à des tiers d'avoir, à travers les états financiers, une perception exacte de la réalité économique de l'entreprise. Elle nécessite parfois des informations complémentaires dans l'annexe.

Fiche 2

L'organisation comptable

Schéma de synthèse

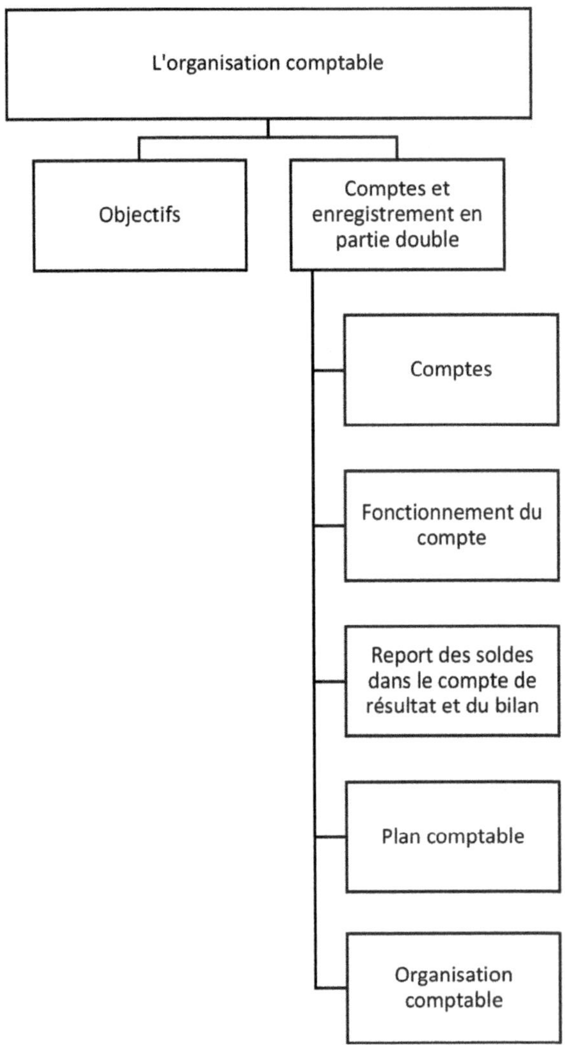

I. Objectifs

L'objectif de la comptabilité est de produire sur une base régulière et annuelle des documents de synthèse qui doivent être réguliers, sincères et donner une image fidèle du patrimoine, de la situation financière et du résultat de l'entreprise.
Les documents de synthèse comprennent un bilan (document présentant la situation patrimoniale de l'entité à une date donnée), un compte de résultat (document présentant la performance de l'entreprise pendant un exercice comptable) et l'annexe (document qui apporte des informations et aide à la compréhension du compte de résultat et du bilan).
Ces documents de synthèse doivent être réguliers, sincères et donner une image fidèle du patrimoine, de la situation financière et du résultat de l'entreprise.

II. Comptes et l'enregistrement en partie double

1. Comptes

Le compte est la plus petite entité de classement retenue par l'entreprise pour enregistrer les flux nés de différentes opérations. Chaque compte est lié à un poste de bilan ou du compte de résultat.
Le compte est présenté par une présentation schématique en T.
Les comptes liés aux postes de bilan sont appelés « comptes de bilan » et les comptes liés aux postes du compte de résultat sont appelés « comptes de gestion ».
Par convention comptable, la colonne de gauche est le débit et la colonne de droite est le crédit. Le solde est débiteur lorsque le total débit > total crédit et inversement.

2. Fonctionnement du compte

Le fonctionnement dépend de la place du poste auquel il correspond. Pour les comptes de bilan :

Bilan			
Compte d'actif		Compte de passif	
Débit	Crédit	Débit	Crédit
Augmentation ↗ +	Diminution ↘ –	Diminution ↘ –	Augmentation ↗ +

Un compte d'actif augmente au débit et diminue au crédit
Un compte de passif augmente au crédit et diminue au débit

Pour les comptes du compte de résultat on a :

Compte de résultat			
Compte de charges		Compte de produits	
Débit	Crédit	Débit	Crédit
Augmentation ↗ +	Diminution ↘ –	Diminution ↘ –	Augmentation ↗ +

Un compte de charge augmente au débit et diminue au crédit
Un compte de produits augmente au crédit et diminue au débit

3. Report des soldes dans le compte de résultat et du bilan

À la fin de l'exercice, les soldes des comptes de gestion sont reportés dans le compte de résultat et permettent de déterminer le résultat de l'exercice.
Les soldes débiteurs des comptes de bilan reconstituent l'actif du bilan et les soldes créditeurs le passif du bilan.
Le report des soldes suit le schéma suivant.

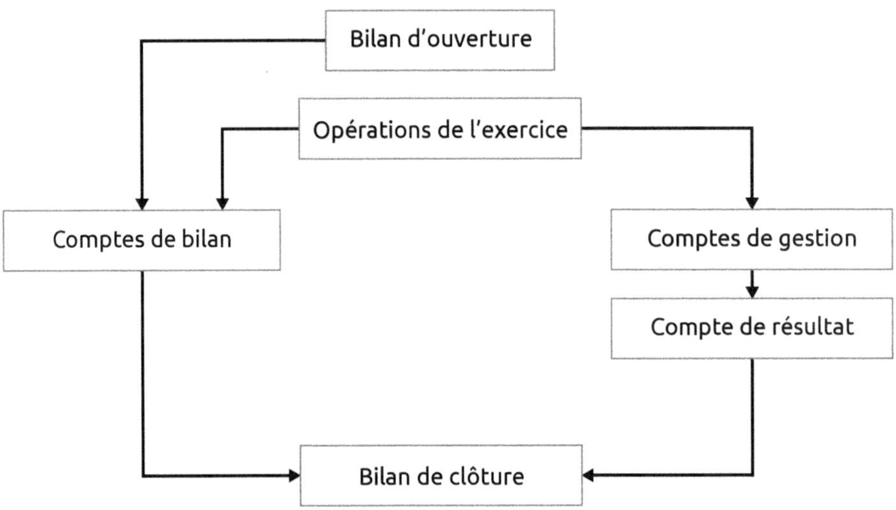

4. Plan comptable

Le plan comptable général impose à toutes les entreprises une liste normalisée des comptes et un plan de classement. Les comptes sont classés par nature. Ils sont regroupés de la façon suivante.

Comptes de bilan

Classe 1	Capitaux propres
Classe 2	Immobilisations
Classe 3	Stock et en cours
Classe 4	Les tiers
Classe 5	Trésorerie

Comptes de gestion

Classe 6	Charges
Classe 7	Produits

N.B. : Les charges et les produits sont classés par nature : charges d'exploitation de 60 à 65, charges financières 66 et charges exceptionnelles 67. Même chose pour les produits.

5. Organisation comptable

A. Schéma d'ensemble

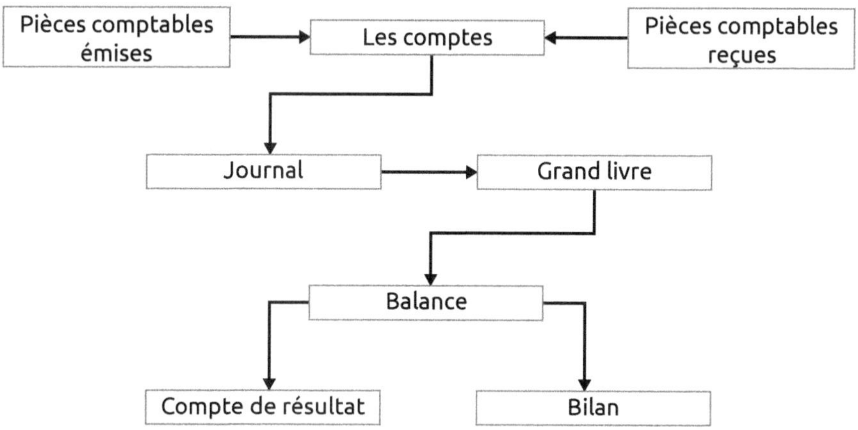

La loi fixe la durée d'un exercice comptable à une année. Pendant cette période les flux sont enregistrés **de manière chronologique.**

B. Journal

La loi exige la tenue d'un document dans lequel tous les flux sont enregistrés de manière chronologique. Le PCG définit les procédures d'enregistrement à respecter :
- les écritures sont passées en partie double ;
- chaque enregistrement indique la date et la pièce justificative ;
- les enregistrements sont validés par une procédure interdisant toute modification ou suppression ultérieure.

Pour enregistrer une opération, il y a quatre phases :
- l'opération a-t-elle une incidence sur le bilan ou sur le compte de résultat ?
- il faut choisir le compte correspondant ;
- enregistrement des sommes dans les comptes choisis en appliquant la règle de la partie double ;
- vérification de l'égalité total débit = total crédit pour chaque opération.

Pour chaque opération, au moins deux comptes sont modifiés. C'est le principe de **la partie double**.

Le journal se présente de la façon suivante.

Date				
N° compte débit		Intitulé compte débit	Montant débit	
	N° compte crédit	Intitulé compte crédit *Libellé d'écriture*		Montant crédit

C. Grand livre

C'est l'ensemble des comptes en « T ». Il faut calculer le solde de chaque compte.

D. Balance

C'est un tableau reprenant la liste de tous les comptes de l'entreprise à une date donnée et indiquant la situation de chacun d'eux à cette date. Elle se présente de la façon suivante.

N° des comptes	Intitulés	Somme débit	Somme crédit	Solde débiteur	Solde créditeur
101	Capital				
164	Emprunt				
....					
	Total				

- Les comptes sont classés par ordre de numéro du plan comptable ;
- Le total de somme débit doit être égal au total somme crédit ;
- Le total solde débiteur doit être égal au total solde créditeur.

La balance est un instrument de contrôle de la partie double notamment.

E. Bilan

Le bilan est le patrimoine de l'entreprise à un instant t, il décrit les richesses de deux façons : origines et emplois. La partie gauche du bilan représente les emplois est appelée **l'actif du bilan** et la partie droite représente les origines est appelée **le passif du bilan**.

L'actif du bilan est constitué de l'actif immobilisé et de l'actif circulant. Le passif est l'origine des fonds dont dispose l'entreprise à la date du bilan, il y a les capitaux propres (capital social, réserves et résultat) et les dettes.
Le total de l'actif doit être égal au total du passif.

F. Compte de résultat

Il a un double but :
- Calculer le résultat de l'exercice ;
- Renseigner sur la formation du bénéfice ou de la perte.

Le compte de résultat regroupe tous les produits à droite et toutes les charges à gauche. Si le total des produits est supérieur au total des charges, l'entreprise réalise un bénéfice dans le cas contraire, le résultat est une perte.
Les grandes rubriques sont les charges et les produits d'exploitation, les charges et les produits financiers et les charges et les produits exceptionnels.

Ce qu'il faut retenir

- L'objectif de la comptabilité est de produire sur une base régulière et annuelle des documents de synthèse qui doivent être réguliers, sincères et donner une image fidèle du patrimoine, de la situation financière et du résultat de l'entreprise.
- Le PCG est un règlement de l'autorité des normes comptables (ANC)
- Un compte d'actif augmente au débit et diminue au crédit
- Un compte de passif augmente au crédit et diminue au débit
- Un compte de charge augmente au débit et diminue au crédit
- Un compte de produits augmente au crédit et diminue au débit
- Pour enregistrer une opération, il y a quatre phases :
  - l'opération a-t-elle une incidence sur le bilan ou sur le compte de résultat ?
  - il faut choisir le compte correspondant ;
  - enregistrement des sommes dans les comptes choisis en appliquant la règle de la partie double ;

– vérification de l’égalité total débit = total crédit pour chaque opération.

- Pour chaque opération, au moins deux comptes sont modifiés. C’est le principe de la partie double.
- **Le bilan** est le document de synthèse qui décrit les éléments actifs et passifs de l’entreprise à une date donnée, c’est une image du patrimoine de l’entreprise.
- **Le compte de résultat** est le document de synthèse qui récapitule les charges et les produits de l’exercice.
- **L’annexe** est le document de synthèse qui comporte toutes les informations d’importance significative.
- L’annexe sert à donner des explications sur les informations données dans le bilan et le compte de résultat. On trouve des informations littérales par exemple, la méthode d’évaluation des stocks, le système d’amortissement, les informations concernant le crédit-bail.
- Des informations sous forme de tableaux (tableaux des immobilisations, des dépréciations, des provisions, etc.

CAS REMINES

Dossier 1

Mission

Vous avez le 1/1/N, le bilan d'ouverture de la société se présente ainsi :

Actif		Passif	
Matériels de transport Banque Caisse	30 000 25 000 5 000	Capital Emprunt	40 000 20 000
Total Actif	60 000	Total Passif	60 000

- Le 3 janvier, achat d'un ordinateur paiement par chèque 1 500 €
- Le 5 janvier, encaissement des ventes de marchandises au comptant pour 15 000 €
- Le 8 janvier, souscription d'un emprunt, 16 000 € pour l'achat d'une camionnette
- Le 15 janvier, achat de la camionnette
- Le 18 janvier, règlement du fournisseur Martin par chèque, 1 000 €
- Le 22 janvier, ventes de marchandises à crédit pour 10 000 €
- Le 25 janvier, réception d'une facture d'un fournisseur pour l'achat de marchandises, 5 000 €.

Pour réaliser cette mission, vous devez :

1. Enregistrer toutes les écritures au journal
2. Établir la balance
3. Établir le bilan et le compte de résultat

Dossier 2

Mission

Le droit comptable évoluant régulièrement, vous devez faire une mise à jour.

Pour réaliser cette mission, vous devez :

1. Indiquer l'organisation chargée d'accompagner l'évolution du droit comptable. Expliquer comment elle procède.
2. Citer les documents de synthèse obligatoires et expliquer l'objectif de chacun d'eux.
3. Définir les notions d'actif et de passif.

Solution

Dossier 1

1. Enregistrer toutes les écritures au journal

		03/01		
2183	512	Matériels informatiques Banque Facture N° 123	1500	1500
		05/01		
512	707	Banque Ventes de marchandises Chèque N° 4590812	15000	15000
		08/01		
512	164	Banque Emprunts Souscription emprunt	16000	16000
		15/01		
2182	512	Matériels de transport Banque Chèque N° 4598045	16000	16000
		18/01		
401	512	Fournisseurs Martin Banque Chèque N° 45897456	1000	1000
		22/01		
411	707	Clients Ventes de marchandises Facture N° 1256	10000	10000
		25/01		
607	401	Achats de marchandises Fournisseurs Facture N° 1678	5000	5000

N.B. : Lorsqu'on totalise le journal total débit = total crédit

2. Établir la balance

Balance

N° des comptes	Intitulés	Somme débit	Somme crédit	Solde débiteur	Solde créditeur
101	Capital		40000		40000
164	Emprunt		36000		36000
2182	Matériels informatique	1500		1500	
2183	Matériels de transport	46000		46000	
401	Fournisseurs	1000	5000		4000
411	Clients	10000		10000	
512	Banque	56000	18500	37500	

530	Caisse	5000		5000	
607	Achats de marchandises	5000		5000	
707	Ventes de marchandises		25000		25000
	Total	124500	124500	105000	105000

3. Établir le bilan et le compte de résultat

Bilan de la société DCG fin janvier

Actif		Passif	
Actif immobilisé		Capitaux propres	
Immobilisations corporelles		Capital social	40000
Matériels informatiques	1500	**Résultat**	**20000**
Matériels de transport	46000		
		Dettes	
Actif circulant		Emprunts	36000
Créances clients	10000	Dettes fournisseurs	4000
Banque	37500		
Caisse	5000		
Total	100000	Total	100000

Compte de résultat de la société DCG

Charges		Produits	
Charges d'exploitation		Produits d'exploitation	
Achats de marchandises	5000	Ventes de marchandises	25000
Charges financières		Produits financiers	
Charges exceptionnelles		Produits exceptionnels	
Résultat (bénéfice	**20000**		
Total	25000	Total	25000

Dossier 2

1. Indiquer l'organisation chargée d'accompagner l'évolution du droit comptable. Expliquer comment elle procède.

En France, il s'agit de l'Autorité des Normes Comptables. Elle établit notamment des règlements comptables publiés au Journal officiel après homologation par arrêté du ministre de l'Économie et après avis du garde des Sceaux et du ministre du Budget.

2. Citer les documents de synthèse obligatoires. Expliquer l'objectif de chacun.

- Le bilan a pour objectif de fournir une image fidèle du patrimoine de l'entreprise à un instant t ;
- Le compte de résultat a pour objectif d'expliquer le bénéfice ou la perte d'un exercice comptable ;
- L'annexe a pour objectif de compléter et commenter les informations fournies par le bilan et le compte de résultat.

3. Définir les notions d'actif et de passif.

Définition de l'actif Art. 211-1 du PCG :

Un actif est un élément identifiable du patrimoine ayant une valeur économique positive pour l'entité, c'est-à-dire un élément générant une ressource que l'entité contrôle du fait d'évènements passés et dont elle attend des avantages économiques futurs.

Définition du passif Art. 321-1 du PCG :

Un passif est un élément du patrimoine ayant une valeur économique négative pour l'entité, c'est-à-dire une obligation de l'entité à l'égard d'un tiers dont il est probable ou certain qu'elle provoquera une sortie de ressources au bénéfice de ce tiers, sans contrepartie au moins équivalente attendue de celui-ci.

Les achats et les ventes des biens et des services

Fiche 3

Schéma de synthèse

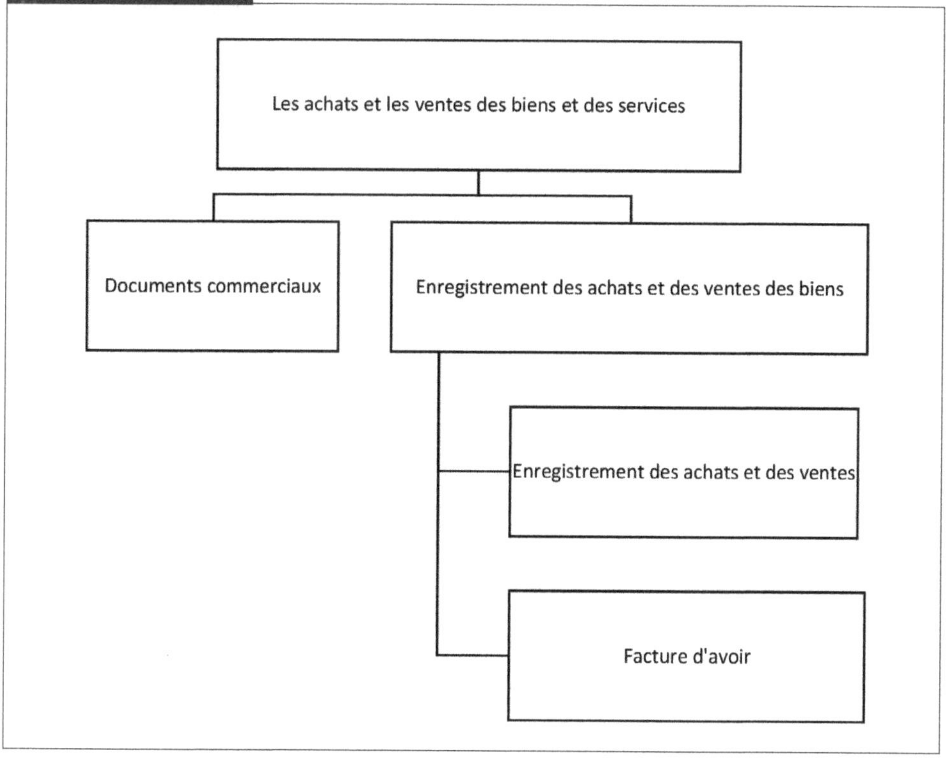

I. Documents commerciaux

La commande est un ordre par lequel le client demande à un fournisseur la livraison d'un bien ou la prestation de service. La commande est formalisée par un **bon de commande** établi est signé par l'acheteur.
La livraison est formalisée par un **bon de livraison** ou de réception établi par le vendeur et signé par l'acheteur.

La facture est établie par le vendeur. C'est un document obligatoire, rédigé en deux exemplaires au minimum. Il est soumis à un délai de conservation de 6 ans sur le plan fiscal et de 10 ans sur le plan commercial.

Pour les opérations de vente s'ajoutent les devis, les factures pro-forma : c'est un devis avec les mêmes éléments qu'une facture réelle pour donner au client les précisions nécessaires. La facture pro-forma doit comporter la mention pro-forma afin d'éviter toute confusion avec une véritable facture ou toute utilisation frauduleuse. Ces documents ne s'enregistrent pas en comptabilité.
Avant la comptabilisation, il faut analyser le bon de commande, bon de livraison et la facture. Lorsque la facture a été contrôlée, une mention « bon à payer » doit être portée sur l'original.
Il est important que les différentes opérations (commande, réception, comptabilité et paiement) soient effectuées par des personnes différentes, quand la taille de l'entreprise le permet.

II. Enregistrement des achats et des ventes des biens

1. Enregistrement des achats et des ventes

Les achats sont enregistrés selon leur nature au débit des comptes de la classe 6. Les ventes sont enregistrées au crédit des comptes de la classe 7.

A. Distinction entre biens immobilisés et non immobilisés

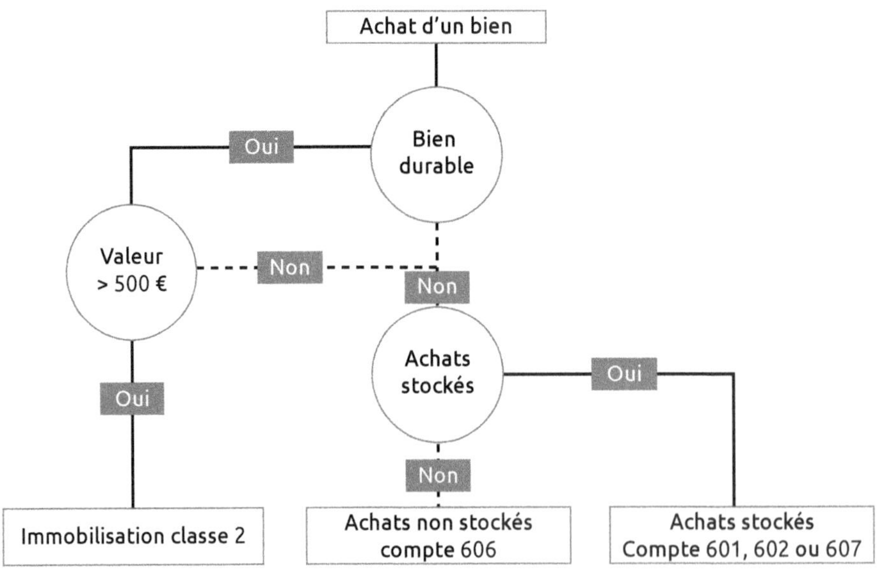

B. Réductions

On distingue trois types de réductions commerciales accordées aux clients uniquement pour des raisons directement liées à la vente elle-même.

- Rabais : c'est une réduction exceptionnelle pour tenir compte d'un défaut de qualité, de non-conformité et d'un retard dans la livraison ;
- Remise : c'est une réduction habituelle pour tenir compte de la qualité du client, de l'importance de la vente ;
- Ristourne : c'est une réduction sur un ensemble d'opérations réalisées avec un même client pendant une période donnée.

Les réductions commerciales portées sur une facture normale ne sont pas comptabilisées. Les achats et les ventes sont comptabilisés pour le montant après ces réductions dit « net commercial ».

Il y a une réduction à caractère financier, l'escompte : c'est une réduction de prix obtenue en raison d'un paiement anticipé par rapport aux conditions contractuelles ou générales de vente. L'escompte s'enregistre toujours. Pour l'acheteur c'est un gain (765 escomptes obtenus), pour le vendeur c'est une charge (665 escomptes accordés). Par contre, l'escompte ne sera pas enregistré dans la classe 2 (l'enregistrement commence à partir du net financier).

Exemple

Achat de marchandise A : quantité : 1000, prix unitaire : 50 €, remise 5 % ; escompte de règlement 2 %.

Travail à faire

→ **Établir et enregistrer la facture.**

Solution

	Quantité	Prix unitaire	Montant
Montant brut (marchandise A) (1)	1000	50	50000
Remise 5 % (50000 × 5 % = 2500) (2)			2500
Net commercial (3) = (1) – (2)			47500
Escompte 2 % (47500 × 2 % = 950) (4)			950
Net financier (5) = (4) – (3)			46550
Net à payer			46550

Enregistrement

607		Achat marchandise	47500	
	512	Banque		46550
	765	Escompte obtenu		950

C. Majorations

a. Taxe sur la valeur ajoutée (TVA)

On déduit la TVA sur les achats (44 566 TVA déductible sur ABS et 44 562 TVA déductible sur immobilisations) et on collecte la TVA sur les ventes : 44 571 TVA collectée. La TVA sera développée plus tard.

b. Frais de transport

Si la marchandise est transportée par le fournisseur et que les frais de transport ne sont pas à la charge du client, la vente est dite **franco de port** : le port est offert et n'est pas facturé. Cette condition est mentionnée sur la facture.

Si la vente avec port **condition départ**, il y a deux cas :
- **port forfaitaire** : il est facturé de manière forfaitaire et il est soumis à la TVA au taux normal. Il est considéré comme un service rendu. (7085 : ports et frais accessoires facturés) ;
- **port débours** : refacturé euro pour euro au client, il est soumis à la TVA au taux normal.

Si la vente avec port **condition arrivée**, il y a deux cas :
- **port forfaitaire** : il est facturé de manière forfaitaire et il est soumis à la TVA au même taux que les biens transportés ;
- **port débours** : refacturé euro pour euro au client, il est soumis au même taux de TVA que les biens transportés.

N.B. : S'il y a débours, on crédite le compte 624 et la TVA déductible.
Pour les importations, les frais sont inclus dans le prix d'achat jusqu'aux frontières, et après ils sont à la charge de l'entreprise.
En résumé les modalités d'enregistrement chez les fournisseurs et chez les clients.

Il existe 2 possibilités dans la comptabilité du fournisseur :
- Port forfaitaire au crédit du 7 085 « Port et frais accessoires facturés » pour le montant HT
- Port débours au crédit du compte 6 242 « Transport sur ventes » pour le montant HT

Il existe 3 possibilités chez le client :
- Compte de charge par nature : 6 241 « transport sur achat »
- 60 : Compte d'achat concerné
- 608 : pour les entreprises qui utilisent le système développé

Exemples

1/03 – Vente de marchandises pour 20 000 € HT au client Lagache. TVA taux normal.
7/03 – Vente de marchandise pour 10 000 € HT au client Mahdi (TVA 5,5 %), port forfaitaire 500 € HT (TVA 20 %).

13/03 – Vente de marchandises pour 5 000 € HT au client Lee, port forfaitaire 200 € HT. Taux de TVA 5,5 %.

Travail à faire

➥ **Analysez ces opérations en matière de frais de transport et enregistrez-les.**

Solution

Opération du 01/03, ne comporte aucune mention de frais de transport, on est dans le cas d'une vente « franco de port ».

Opération du 07/03, il y a des frais de port forfaitaire soumis à la TVA au taux normal, il s'agit d'une livraison en condition « départ » en port forfaitaire.

Opération du 13/03, il y a des frais de port forfaitaire soumis au même taux de TVA que les marchandises transportées, il s'agit d'une livraison en condition « arrivée » en « port forfaitaire ».

Écritures

		01/03		
411		Client Lagache	24 000	
	707	Vente de marchandises		20 000
	44571	TVA Collectée		4 000
		07/03		
411		Client Mahdi	11150	
	707	Vente de marchandises		10 000
	7085	Ports et frais accessoires facturés		500
	44571	TVA Collectée (10 000 × 5,5 % + 500 × 20 % = 650)		650
		13/03		
411		Client Lee	5486	
	707	Vente de marchandises		5000
	7085	Ports et frais accessoires facturés		200
	44571	TVA Collectée (5 000 + 200) × 5,5 % = 286		286

c. Emballages

Les emballages perdus ne font pas l'objet d'une facturation particulière ; leur valeur est intégrée dans le prix des marchandises vendues.

Emballages récupérables (réutilisables par le fournisseur). Ils sont soumis à disposition du client (prêtés ou consignés) ils peuvent lui être vendus.

- S'ils sont identifiables (caisses), ils sont considérés comme une immobilisation (compte 2 186) ;
- S'ils sont non identifiables (bouteilles), c'est un actif circulant (compte 6 026).

Les emballages récupérables sont utilisés pour plusieurs livraisons successives.

D. Consignation

L'enregistrement chez le client est 4 096 à 401
L'enregistrement chez le fournisseur est 411 à 4 196

E. Restitution

– Au prix de la consignation

Chez le client : 401 à 4 096

Chez le fournisseur : 4 196 à 411
– Reprise à un prix inférieur

Chez le client : 6136, 44 566 et 401 à 4 096
Chez le fournisseur : 4 196 et 7 086 à 44 571 et 411
N.B. : la TVA est sur malis et bonis

F. Non restitution

Chez le client : 6 026 et 44 566 à 4 096
Chez le fournisseur : 4 196 à 7086 et 44 571
N.B. : la consignation est toujours considérée TTC sauf indication contraire.
Si le client conserve les biens, c'est une vente.
Pour les emballages non identifiables, la vente est enregistrée au crédit de compte 7 088 par le débit de compte 4 196. Cette vente est soumise à la TVA (en plus).
Pour les emballages identifiables, c'est une cession d'immobilisation.

Exemple

6/06 MARTIN ramène à GUILLOT 100 fûts, consigne 10 € pièce, prix de reprise 9 €.
7/06 MARTIN achète à GUILLOT pour 15 000 € HT de marchandises, TVA 20 %, et GUILLOT lui consigne 100 fûts.
10/06 GUILLOT reçoit une facture de TINES pour l'achat de 600 fûts à 6 € pièce, TVA 20 %.
14/06 Reçu règlement MARTIN pour son achat du 7/06.
16/06 GUILLOT règle TINES par chèque.
20/06 MARTIN ne ramène que 200 fûts, les 300 autres ayant été détériorés.

Travail à faire

➥ **Passez les écritures au journal de MARTIN et de GUILLOT.**

Solution

Chez MARTIN

		06/06		
401		Fournisseur	900	
6136		Malis sur emballages restitués	100	
	4096	Fournisseur, créances sur emballages à rendre		1000

		07/06		
607		Fournisseur	15000	
44566		Malis sur emballages restitués	3000	
4096		Fournisseur, créances sur emballages à rendre	1000	
	401	Fournisseur		19000
		14/06		
401		Fournisseur	19000	
	512	Banque		19000
		20/06		
401		Fournisseur	1800	
6136		Malis sur emballages restitués	200	
	4096	Fournisseur, créances sur emballages à rendre		2000
671		Charges exceptionnelles	3000	
44566		TVA déductible /ABS	600	
	4096	Fournisseur, créances sur emballages à rendre		3000
	401	Fournisseur		600

Chez GUILLOT

		06/06		
4196		Clients, dettes pour emballages consignés	1000	
	411	Clients		900
	7086	Boni sur emballages restitués		100
		07/06		
411		Clients	19000	
	707	Vente de marchandises		15000
	44571	TVA collectée		3000
	4196	Clients, dettes pour emballages consignés		1000

		10/06		
6026		Achat d'emballages	3600	
44566		TVA déductible sur ABS	720	900
	401	Fournisseur Tines		4320
		14/06		
512		Banque	19000	
	411	Client MARTIN		19000
		16/06		
401		Fournisseur Tines	4320	
	512	Banque		4320
		20/06		
4196		Clients, dettes pour emballages consignés	2000	
	411	Client MARTIN		1800
	7086	Boni sur emballages restitués		200
4196		Clients, dettes pour emballages consignés	3600	
	707	Vente de marchandises		3000
	44571	TVA collectée		600

2. Facture d'avoir

Une facture d'avoir est destinée à rectifier la facture précédente. Elle doit comporter de manière visible la mention avoir et faire apparaître le TTC accompagné de la mention Net à votre crédit ou Net à déduire.

La facture d'avoir pour les cas suivants :
- retour de marchandises par le client ;
- remise oubliée ou rabais accordé (alors qu'ils ne s'enregistrent jamais sur une facture de doit, sur les factures d'avoir s'enregistrent toujours dans les comptes 609-RRR obtenus ou 709- RRR accordés) ;
- la ristourne de fin de période ;
- la rectification d'erreur sur facture.

Ce qu'il faut retenir

- Tous les documents commerciaux ne donnent pas lieu à un enregistrement comptable.
- Pièces justificatives donnant lieu à un enregistrement comptable :
  - factures initiales,
  - avis de débit,
  - avis de crédit,
  - facture d'avoir.

- Autres documents commerciaux ne conduisant à aucun enregistrement comptable :
  - devis,
  - bon de livraison.
- Il y a trois réductions commerciales.
  - Rabais : c'est une réduction exceptionnelle pour tenir compte d'un défaut de qualité, de non-conformité et d'un retard dans la livraison ;
  - Remise : c'est une réduction habituelle pour tenir compte de la qualité du client, de l'importance de la vente ;
  - Ristourne : c'est une réduction sur un ensemble d'opérations réalisées avec un même client pendant une période donnée.
- Les réductions commerciales portées sur une facture normale ne sont pas comptabilisées. Les achats et les ventes sont comptabilisés pour le montant après ces réductions dit « net commercial ».
- Réduction à caractère financier, l'escompte : c'est une réduction de prix obtenue en raison d'un paiement anticipé par rapport aux conditions contractuelles ou générales de vente. L'escompte s'enregistre toujours. Pour l'acheteur c'est un gain (765 escomptes obtenus), pour le vendeur c'est une charge (665 escomptes accordés).
- Pour la classe 2, il ne faut jamais enregistrer l'escompte. L'enregistrement commence à partir du net financier.
- Il y a trois majorations :
  - la TVA ;
  - les frais de transport et les emballages ;

Vente franco de port	**Le port n'est pas facturé**
Condition départ	Port forfaitaire 7085 + TVA taux normal
	Port débours Refacturé euro pour euro + TVA taux normal
Condition arrivée	Port forfaitaire 7085 + TVA taux de bien transporté
	Port débours Refacturé euro pour euro + TVA taux de bien transporté

  - la consignation est toujours considérée TTC sauf indication contraire.
- L'achat d'un bien durable d'une valeur supérieure à 500 € sera comptabilisé en immobilisation.

Cas Elghandri

Dossier 1 Analyse et enregistrement des factures

Mission : vous avez les quatre factures suivantes.

CGO
Avoir
DUT
Facture N° A112 Le 11/03/N

Désignation	Montant
Ristourne de 2 %	2000
TVA à 20 %	400
Net à votre crédit	2400

CGO
Avoir
DUT
Facture N° A211 Le 11/03/N

Désignation	Montant
Escompte 2 % de 5000	100
TVA à 20 %	20
Net à votre crédit	120

CGO
Avoir
DUT
Facture N° A122 Le 08/03/N

Désignation	Montant
Retour marchandises	1000
TVA à 20 %	200
Net à votre crédit	1200

CGO
Avoir
DUT
Facture N° A217 Le 08/03/N

Désignation	Montant
Rabais sur facture 502	500
Remise exceptionnelle	200
TVA à 20 %	140
Net à votre crédit	840

Pour réaliser cette mission, vous devez :

1. Analysez et enregistrez ces quatre factures. Déterminer les différents comptes de charge dans lesquels il est possible d'inscrire les frais de port

Dossier 2 Emballage

Le compte 4096 « fournisseurs créances pour emballages à rendre » présente le 30/04 un solde de 8000 € soit 400 emballages à 20 €. L'inventaire mensuel ne recense que 280 emballages. Les emballages manquants sont considérés comme détruits et ne pourront être rendus. Les restants seront repris à 16 €.

2/05- Retour au fournisseur de 50 emballages. Le remboursement est fait par chèque

5/05- Achat de marchandises : Brut HT 4200 €. Consignation de 15 emballages.

15/05- Détérioration de 10 emballages

20/05- Retour au fournisseur de 70 emballages. Remboursement par chèque.

Pour réaliser cette mission, vous devez : **Passez les écritures au journal.**

Solution

Dossier 1 : enregistrements

Analyse

La 1re facture, il s'agit d'une ristourne commerciale accordée au client sur les ventes. Cette ristourne fait obligatoirement l'objet d'un avoir. On utilise le compte 709 : Rabais, remises et ristournes. La TVA collectée doit être régularisée ainsi que le compte clients.

La 2e facture, il s'agit d'un retour de marchandises. On annule donc la vente et on régularise la TVA collectée.

La 3e facture, il s'agit d'un escompte financier de règlement

La 4e facture, il s'agit d'un rabais et d'une remise exceptionnelle accordée en dédommagement au client. Ils sont accordés hors facture et doivent faire l'objet d'un avoir.

1. Enregistrement

7097		RRR accordés	2000	
44571		TVA collectée	400	
	411	Clients *Facture Avoir N°A112*		2400
707		Vente de marchandises	1000	
44571		TVA collectée	200	
	411	Clients *Facture Avoir N°A122*		1200
	4096	Fournisseur, créances sur emballages à rendre *Retour 50 emballages*		1000
		10/06		
665		Escomptes accordés	100	
44571		TVA collectée	20	
	411	Clients *Facture Avoir N°A211*		120
7097		RRR accordés	700	
44571		TVA collectée	140	
	411	Clients *Facture Avoir N°A217*		840

2. Frais de transport

Les frais de port (qui constituent des frais accessoires d'achat) peuvent être enregistrés au travers de trois comptes de charge :

- le compte « 607. Achats de marchandises » (intégration au prix d'achat),
- le compte « 6 241. Transports sur achats » (compte de charge par nature),
- le compte « 6 087. Frais accessoires sur achats de marchandises ».

Dossier 2 : Emballage

		02/05		
671		Charges exceptionnelles	2400	
4456		TVA à récupérer	480	
	4096	Fournisseur, créances sur emballages à rendre		2400
	401	Fournisseur		480
512		Banque	800	
6136		Malis sur emballages restitués	200	
	4096	Fournisseur, créances sur emballages à rendre *Retour 50 emballages*		1000
		05/05		
607		Achat de marchandises	4200	
4566		TVA déductible /ABS	840	
4096		Fournisseur, créances sur emballages à rendre	300	
	401	Fournisseur		5340
		15/05		
671		Charges exceptionnelles	200	
44566		TVA déductible /ABS	40	
	4096	Fournisseur, créances sur emballages à rendre		200
	401	Fournisseur		40
		20/05		
512		Banque	1120	
6136		Malis sur emballages restitués	280	
	4096	Fournisseur, créances sur emballages à rendre		1400

Taxe sur la valeur ajoutée

Fiche 4

Schéma de synthèse

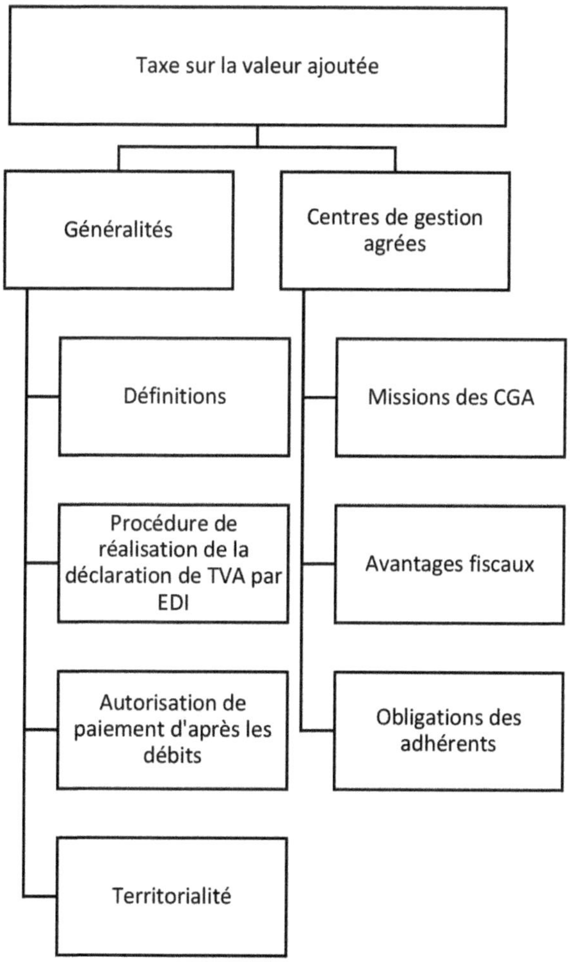

I. Généralités

1. Définitions

La TVA est un impôt indirect qui s'applique sur la quasi-totalité des opérations. Elle est analysée en tenant compte de paramètres :
Le fait générateur est la date de l'événement donnant naissance à la créance de l'État sur la TVA du vendeur.
L'exigibilité est l'événement à partir duquel l'administration fiscale a le droit de réclamer la créance au vendeur.
La TVA intracommunautaire est exigible le 15 du mois suivant la livraison ou la date de facturation si elle est antérieure.

Exemples	Date de fait générateur	Date de facturation	Date d'exigibilité
1	25/11	20/11	20/11
2	25/11	30/11	30/11
3	25/11	8/12	8/12
4	25/11	20/12	**15/12**

Pour les biens, le fait générateur est égal à l'exigibilité, c'est la livraison (ou facturation).
Pour les prestations de service et travaux immobiliers, le fait générateur est égal à l'exécution de la prestation et l'exigibilité est égale à l'encaissement.
Le vendeur doit collecter la TVA est reverser la différence entre la TVA collecté et la TVA déductible au trésor public.
Si TVA collectée (44 571) > TVA déductible (4 456), il y a une TVA à décaisser (4 455)
Sinon, c'est un crédit de TVA (44 567). Ce crédit de TVA du mois N (créance envers l'État) sera reporté sur la déclaration du mois N+1 dans la mesure où son remboursement n'a pas été demandé.
La TVA doit figurer sur la facture d'une manière distincte.
Selon la nature de la marchandise ou du service le taux varie. Le taux normal en vigueur est de 20 %.
Le montant de TVA = Montant HT × taux de TVA
Montant TTC = Montant HT + Montant TVA
HT = TTC / (1 + Taux TVA)

2. Procédure de réalisation de la déclaration de TVA par EDI.

La transmission de la déclaration de TVA en EDI (Échange de Données Informatisé) consiste en la transmission des données déclaratives directement par transfert informatique de fichiers. Plus précisément, la déclaration de TVA est établie à l'aide d'un logiciel dans un format compatible, évitant ainsi une saisie sur un formulaire en ligne.

A	MONTANT DES OPÉRATIONS RÉALISÉES						
	OPÉRATIONS IMPOSABLES (H.T.)				**OPÉRATIONS NON IMPOSABLES**		
01	Ventes, prestations de services	0979	8 300	04	Exportations hors UE	0032	1 700
02	Autres opérations imposables	0981		05	Autres opérations non imposables	0033	528
2A	Achats de prestations de services intracommunautaires (article 283-2 du code général des impôts)	0044		5A	Ventes à distance taxables dans un autre État membres au profit des personnes non assujetties – Ventes BtoC	0047	
2B	Importations (entreprises ayant opté pour le dispositif d'autoliquidation de la TVA à l'importation).	0045		06	Livraisons intracommunautaires à destination d'une personne assujettie- Ventes BtoB	0034	840
03	Acquisitions intracommunautaires	0031	900	6A	Livraisons d'électricité, de gaz naturel, de chaleur ou de froid non imposables en France	0029	
3A	Livraisons d'électricité, de gaz naturel, de chaleur ou de froid imposables en France	0030		07	Achats en franchise	0037	
3B	Achats de biens ou de prestations de services réalisés auprès d'un assujetti non établi en France (article 283-1 du code général des impôts)	0040		7A	Ventes de biens ou prestations de services réalisées par un assujetti non établi en France (article 283-1 du code général des impôts)	0043	
3C	Régularisations (important : cf. notice)	0036		7B	Régularisations (important : cf. notice)	0039	

B	DÉCOMPTE DE LA TVA À PAYER			
	TVA BRUTE		Base hors taxe	Taxe due
	Opérations réalisées en France métropolitaine			
08	Taux normal 20 %	0207	9 200	1 840
09	Taux réduit 5,5 %	0105		
9B	Taux réduit 10 %	0151		
	Opérations réalisées dans les DOM			
10	Taux normal 8,5 %	0201		
11	Taux réduit 2,1 %	0100		
12				
	Opérations imposables à un autre taux (France métropolitaine ou DOM)			
13	Anciens taux	0900		
14	Opérations imposables à un taux particulier (décompte effectué sur annexe 3310 A)	0950		
15	TVA antérieurement déduite à reverser	0600		
5B	Sommes à ajouter, y compris acompte congés (exprimées en euro)	0602		
16	**Total de la TVA brute due (lignes 08 à 5B)**			1 840
7C	**Dont TVA sur importations bénéficiant du dispositif d'autoliquidation**	0046		
17	**Dont TVA sur acquisitions intracommunautaires**	0035		180
18	**Dont TVA sur opérations à destination de Monaco**	0038		

La ligne 11 ne concerne que les DOM.
Les autres opérations relevant du taux de 2,1 % sont déclarées sur l'annexe 3310 A-SD.

	TVA DÉDUCTIBLE		
19	Biens constituant des immobilisations	0703	600
20	Autres biens et services	0702	1 130
21	Autre TVA à déduire (dont régularisation sur de la TVA collectée [cf. notice] ……………………)	0059	
22	Report du crédit apparaissant ligne 27 de la précédente déclaration	8001	220
2C	Sommes à imputer, y compris acompte congés (exprimées en euro)	0603	
23	**Total TVA déductible (ligne 19 à 2C)**		1 950
24	Dont TVA non perçue récupérable par les assujettis disposant d'un établissement stable dans les DOM (articles 295-1-5° et 295 A du code général des impôts)	0709	
22A	Indiquer le coefficient de taxation unique applicable pour la période s'il est différent		%

	CRÉDIT						
25	Crédit de TVA (ligne 23 – ligne 16)	0705	110	28	**TVA nette due (ligne 16 – ligne 23).**		
26	Remboursement de crédit demandé sur formulaire n° 3519 joint	8002		29	Taxes assimilées calculées sur annexe n° 3310 A-SD	9979	
AA	Crédit de TVA transféré à la société tête de groupe sur la déclaration récapitulative 3310-CA3G	8005		AB	Total à payer acquitté par la société tête de groupe sur la déclaration récapitulative 3310-CA3G (lignes 28 + 29)	9991	
27	Crédit à reporter (ligne 25 – ligne 26 – ligne AA) (Cette somme est à reporter ligne 22 de la prochaine déclaration)	8003	110	32	**Total à payer (lignes 28 + 29 – AB)** (N'oubliez pas de joindre le règlement correspondant)		

Attention ! Une situation de TVA créditrice (ligne 25 servie) ne dispense pas du paiement des taxes assimilées déclarées ligne 29.

Les dispositions des articles 39 et 40 de la loi n° 78-17 du 6 janvier 1978 relative à l'informatique, aux fichiers et aux libertés, garantissent les droits des personnes physiques à l'égard des traitements des données à caractère personnel.
Si vous réalisez des opérations intracommunautaires, pensez à la déclaration d'échanges de biens (livraisons de biens) ou à la déclaration européenne de services (prestations de services) à souscrire auprès de la Direction Générale des Douanes et des Droits indirects (cf. notice de la déclaration CA3).

3. Autorisation de paiement d'après les débits

Pour éviter les décalages entre l'exigibilité et le fait générateur, le fournisseur peut demander à l'administration fiscale l'autorisation d'opter pour les débits : rendre la TVA exigible dès la facturation. Cela se traduit pour le client par une déductibilité immédiate. Il est obligatoire que le fournisseur précise sur ses factures la mention « option pour les débits » ou TVA acquittée sur les débits.
Cette option, permet aux prestataires de services de collecter la TVA dès la facturation, sans attendre les encaissements. Le régime des prestations s'aligne sur celui des ventes sauf pour les acomptes pour lesquels la règle de l'exigibilité demeure l'encaissement.

Cette option permet de faciliter le travail comptable, notamment lorsque l'entreprise exerce une activité de livraison de biens et de prestations de services.
En revanche, le fournisseur est conduit à faire l'avance de trésorerie correspondant au montant de la TVA entre le mois de la date de la facture et le mois de l'encaissement.

4. Territorialité

Les DOM et TOM sont considérés comme territoires d'exportation.
L'acquisition intracommunautaire est une opération imposable par contre, la livraison intracommunautaire n'est pas imposable.

Vente dans un pays d'UE (livraison intracommunautaire)	A un assujettit identifié	Opération exonérée
	A un non assujetti	Opération imposable
Achat dans un pays d'U.E (Acquisition intracommunautaire)		Opération imposable

L'assujetti est identifié par un N° d'identification : 2 lettres (FR) + 2 chiffres (clé de vérification) + N° SIREN (système informatisé du répertoire d'entreprises ou SIRET (système informatisé du répertoire des établissements).
Si le N° intracommunautaire de l'acheteur est connu, la TVA n'est pas facturée, une déclaration d'échange de biens (DEB) doit être remplie en indiquant ce numéro. La D.E.B, a pour but de réaliser des statistiques sur les échanges entre entreprises des pays membres de l'UE, elle vise aussi à contrôler ces échanges et à justifier les exonérations de TVA. Les documents justifiants les chiffres inscrits sur la DEB sont susceptibles d'être contrôlées pendant 6 ans. Le montant de la vente se réalise HT, ce qui en diminue le coût. Sinon, on facture la TVA française, ce qui va augmenter le total de la facture. Cette TVA n'est pas déductible pour l'acheteur.
N.B. : Il y a une autoliquidation : on déduit la TVA et on crédite le compte 4 452 TVA due intracommunautaire.
Les opérations d'exportations hors UE sont exonérées par contre les importations sont imposables.

II. Centres de gestion agrées

Ce sont des associations qui apportent une aide technique et une assistance aux entreprises dans le domaine comptable et fiscal.

1. Missions des CGA

– assistance en matière de gestion (dossier sur la situation financière et comptable),
– contrôle ou établissement des déclarations fiscales pour les adhérents,

– tenue de comptabilité pour certains adhérents et conseils sur différents aspects de la gestion,
– actions de formation et de prévention, etc.

2. Avantages fiscaux

– Les adhérents ne subissent pas une majoration de 25 % du bénéfice imposable,
– Déduction sans limite du salaire du conjoint,
– Réduction d'impôt pour certaines entreprises pour les frais d'adhésion et les frais de tenue de comptabilité,
– Possibilité de participation à des journées de formation ou d'information,
– Contrôle de la déclaration des BIC par le centre avant l'envoi,
– Conseils sur différents aspects de la gestion (fiscaux, sociaux, juridiques, comptables).

3. Obligations des adhérents

– Obligation de communiquer au CGA des éléments nécessaires pour la tenue ou l'établissement de la comptabilité 4 mois après la clôture, pour établir le dossier de gestion ;
– Paiement des frais d'adhésion ;
– Faire viser les déclarations de résultat par un expert-comptable ;
– Accepter les règlements par chèque et le signaler à la clientèle ;
– Obligation d'abandonner le régime mirco-entreprise et opter pour le régime réel simplifié ou réel normal.

À compter du 01/01/2010, les contribuables non adhérents à un CGA mais qui font appel aux services d'un expert-comptable agrée par l'administration ou d'une association de gestion et de comptabilité, sont dispensés de la majoration de 25 % de leur revenu pour l'imposition de l'IR.

Ce qu'il faut retenir

- ***Le fait générateur*** est la date de l'événement donnant naissance à la créance de l'État sur la TVA du vendeur.
- ***L'exigibilité*** est l'événement à partir duquel l'administration fiscale a le droit de réclamer la créance au vendeur.

Opération	Fait générateur	Exigibilité
Livraison de biens meubles corporels	Livraison du bien	Livraison du bien
Prestations de services et travaux immobiliers	Achèvement de la prestation	Encaissement du prix
Livraison à soi-même	1re utilisation	1re utilisation
Importation	Dédouanement	Dédouanement
Acquisitions intracommunautaires	Livraison du bien	Le 15 du mois suivant celui au cours duquel le fait générateur est intervenu (ou la date de facturation si elle est antérieure à cette date)

- Régime intracommunautaire

Vente dans un pays d'U.E (livraison intracommunautaire)	A un assujettit identifié	Opération exonérée
	A un non assujetti	Opération imposable
Achat dans un pays d'U.E (Acquisition intracommunautaire)		Opération imposable

- Régime extra-communautaire

Vente dans un pays hors d'UE	Exportation	Opération exonérée
Achat dans un pays hors d'UE	Importation	Opération imposable

- Schéma d'écritures de la déclaration et de paiement de la TVA

			Débit	Crédit
44571 4452	 44566 44562 445622 4455	TVA Collectée TVA due intracommunautaire TVA déductible sur ABS TVA déductible sur immobilisations TVA déductible TVA à décaisser *Déclaration de la TVA*		
4455		TVA à décaisser		
	512	Banque *Paiement de la TVA*		

- Si TVA collectée (44571) > TVA déductible (4456), il y a une TVA à décaisser (4455)
- Sinon, c'est un crédit de TVA (44567). Ce crédit de TVA du mois N (créance envers l'État) sera reporté sur la déclaration du mois N+1 dans la mesure où son remboursement n'a pas été demandé.
- Pour éviter les décalages entre l'exigibilité et le fait générateur, l'entreprise peut opter pour le paiement d'après le débit.
- L'autorisation de paiement d'après les débits permet au client de déduire immédiatement et au prestataire de service de collecter dès la facturation.
- Il est obligatoire que le fournisseur précise sur ses factures la mention « option pour les débits » ou TVA acquittée sur les débits.
- Les centres de gestion agrées sont des associations qui apportent une aide technique et une assistance aux entreprises dans le domaine comptable et fiscal.

Cas Shayma

Vous êtes stagiaire dans le cabinet SHAYMA, votre tuteur vous demande de traiter les quatre dossiers suivants.

Dossier 1 TVA à décaisser

Mission

L'entreprise MAT réalise au cours du mois de mars les achats et ventes suivants :

- 3/03 : achat de marchandises en France pour 10 000 € HT
- 11/03 : achat d'un ordinateur en France pour 1 200 HT
- 15/03 : achat d'une machine en Allemagne pour 7 000 € HT
- 18/03 : vente de marchandises en France pour 50 000 € HT
- 24/03 : achat de matières premières en France pour 3 000 €

Pour réaliser cette mission, vous devez :

1. Passer toutes les écritures dans le journal MAT
2. Calculer la TVA à décaisser
3. Passer les écritures de la déclaration de TVA (au 31/03) et de paiement au 24/04.

Dossier 2 Analyse, calcul et enregistrement de la TVA

Mission

Toutes les opérations de la société MATA sont imposables au taux normal, l'entreprise n'a pas formulé d'option en matière de TVA et elle paie la TVA due le 22 de chaque mois par chèque. Courant le mois de mai, elle a réalisé les opérations suivantes :

- 4/05 – Réparation d'une machine de la société DCG à Lyon pour un montant HT de 6 200 €.
- 6/05 – Achat d'une machine outils en Allemagne d'une valeur de 10 000 €. La société a fourni son numéro d'identification à la commande.
- 9/05 – Vente de marchandises à un client Belge pour un montant HT de 88 000 €. Le client a communiqué son d'identification intracommunautaire.
- 10/05 – Opération d'entretien auprès de la société CG à Grenoble pour un montant HT de 15 000 €.
- 12/05 – Reçu d'un acompte de 1 200 € de la société Montbel pour une réparation à effectuer sur le site de Villefranche. La réparation sera effectuée avant la fin du mois.

- 16/05 – Acompte versé à la société Techoplus installée à Saint Étienne pour un montant de 12 000 € pour un travail à façon (prestation de services) pour un montant total HT de 23 500 €.
- 18/05 – Acompte versé sur achats de fournitures en France pour un montant de 7 500 €.
- 20/05 – Réparation effectuée chez Montbel. Montant total HT 7 500 €.
- 21/05 – Règlement par chèque du solde de la facture Techoplus.
- 25/05 – Encaissement du solde de la société Montbel.
- 28/05 – Encaissement de la facture de la société CG.

Pour réaliser cette mission, vous devez :

1. Déterminez pour chaque opération l'exigibilité ou la déductibilité de la TVA.
2. Calculez la TVA à décaisser du mois de mai.
3. Enregistrez les opérations dans le journal de la société MATA.
4. Enregistrez la déclaration ainsi que le règlement de la TVA.

Dossier 3 Calcul et enregistrement de la TVA

Mission

L'extrait de la balance de la société BAKAR au 31/03 est le suivant :

TVA déductible sur ABS	12 000 €
TVA à décaisser	3 500 €

La société a réalisé les opérations suivantes courant le mois d'avril :

2/04- Achat de marchandises	16 000 € HT
5/04- Acheté et réglé en espèces :	
Timbres postaux	100 €
Timbres fiscaux	250 €
7/04- Achat d'une machine outils	28 500 € HT
12/04- Reçu facture de TITIS pour l'achat des matières premières, remise 5 % montant 32 000 € HT	
14/04- Facture de transporteur, réglé par chèque	3 400 € HT
16/04- Achat fournitures de bureau réglé par chèque	2 000 € HT
19/04- Ventes de marchandises	75 000 € TTC
23/04- Cadeaux clients réglés par chèque, 20 € l'unité	2 000 € HT
25/04- TITIS nous accorde un rabais de 4 %, nous le réglons immédiatement par chèque	
26/04- Frais bancaire	200 € HT

29/04- Livraison de fuel pour le chauffage des locaux 1000 l à 1,10 € le litre, réglée par chèque.

TVA déductible sur ABS	12 000 €
TVA à décaisser	3 500 €

La société a réalisé les opérations suivantes courant le mois d'avril :

2/04- Achat de marchandises	16 000 € HT
5/04- Acheté et réglé en espèces :	
Timbres postaux	100 €
Timbres fiscaux	250 €
7/04- Achat d'une machine outils	28 500 € HT

12/04- Reçu facture de TITIS pour l'achat des matières premières, remise 5 % montant 32 000 € HT

14/04- Facture de transporteur, réglé par chèque	3 400 € HT
16/04- Achat fournitures de bureau réglé par chèque	2 000 € HT
19/04- Ventes de marchandisesv	75 000 € HT
23/04- Cadeaux clients réglés par chèque, 20 € l'unité	2 000 € HT

25/04- TITIS nous accorde un rabais de 4 %, nous le réglons immédiatement par chèque

26/04- Frais bancaire	200 € HT

29/04- Livraison de fuel pour le chauffage des locaux 1000 l à 1,10 € le litre, réglée par chèque.

Le taux de TVA est normal, le règlement de la TVA est effectué par chèque le 15 de chaque mois.

Pour réaliser cette mission, vous devez :

1. Enregistrez le règlement de la TVA due au titre du mois de mars
2. Enregistrez les opérations du mois d'avril y compris la déclaration et le paiement de la TVA due au titre du mois d'avril

Dossier 4 Déclaration de TVA

Mission

À l'aide de document 1, vous allez effectuer la déclaration de TVA.

Pour réaliser cette mission, vous devez :

1. Rappeler les règles relatives à la TVA sur les livraisons de biens hors de France.
2. Calculer le montant de TVA due ou le crédit de TVA au titre du mois de novembre N. Vous présenterez vos calculs dans le modèle de tableau suivant :

Opérations	Calculs et justification	TVA due	TVA déductible

3. Enregistrer au journal de SWAT au 30 novembre N l'écriture de liquidation de la TVA du mois de novembre N.

Document 1- Opérations relatives à la déclaration de TVA de novembre N

	Montants en euros HT
Ventes de produits en France	35 000,00
Ventes de produits dans l'UE	25 000,00
Achats en France de plantes et matières	12 500,00
Acquisition en France d'un véhicule de tourisme pour le directeur commercial	21 000,00
Acquisition d'un serveur informatique en provenance d'Irlande (UE)	2 500,00
Achats de prestations de services en France	3 900,00

Informations complémentaires

- Le taux de TVA est de 20 % sur toutes les opérations.
- Les fournisseurs de services n'ont pas opté pour la TVA d'après les débits.
- En novembre, SWAT a réglé à ses fournisseurs de services pour 2 400 € TTC.
- Tous les partenaires ont fourni leur numéro d'identification intracommunautaire.
- Fin octobre l'entreprise SWAT avait comptabilisé un crédit de TVA de 1 500 € dont elle n'avait pas demandé le remboursement.

Solution

Dossier 1 : TVA à décaisser

1. Écritures

		03/03		
607		Achat de marchandises	10 000	
44 566		TVA déductible /ABS	2 000	
	401	Fournisseurs		12 000
		11/03		
2 183		Matériel de bureau et matériel informatique	1 200	
44 562		TVA déductible /immobilisations	240	
	404	Fournisseurs d'immobilisations		1 440
		15/03		
2 154		Achat de marchandises	7 000	
445 622		TVA déductible /immobilisations	1 400	
	404	Fournisseurs d'immobilisations		7 000
	4 452	TVA due intracommunautaire		1 400
		18/03		
411		Clients	60 000	
	707	Vente de marchandises	40	50 000
	44 571	TVA collectée		10 000
		24/03		
601		Achat matières premières	3 000	
44 566		TVA déductible /ABS	600	
	401	Fournisseurs		3 000

2. Calcul de la TVA à décaisser

TVA Collectée	10 000
TVA due intracommunautaire	1 400
TVA déductible /ABS	2 600
TVA déductible/immobilisations	240
TVA déductible/immobilisations communautaire	1 400
TVA à décaisser	7 160

3. Écritures

		31/03	Débit	Crédit
44 571		TVA Collectée	10 000	
4 452		TVA due intracommunautaire	1 400	
	44 566	TVA déductible sur ABS		2 600
	44 562	TVA déductible sur immobilisations		240
	445 622	TVA déductible intracommunautaire		1 400
	4 455	TVA à décaisser		7 160
		24/04		
4 455		TVA à décaisser	7 160	
	512	Banque		7 160

Dossier 2 : analyse, calcul et enregistrement de la TVA

1. Exigibilité ou déductibilité

La société n'a pas pris d'option en matière de la TVA. Pour les biens, la TVA est exigible à la livraison (à la facturation). Pour les prestations de services, la TVA est exigible à l'encaissement.

Date	Exigibilité/déductibilité	Base HT	TVA Collectée	TVA déductible
4/05	C'est une prestation de services en France. La TVA est exigible à l'encaissement du règlement.			
6/05	Acquisition intracommunautaire d'une immobilisation. La TVA ouvre droit à déduction pour l'acquéreur qui devra également la reverser au titre de la TVA Collectée.	10 000	2 000	2 000
9/05	Il s'agit d'une livraison intracommunautaire. L'opération est exonérée de la TVA pour le vendeur. Le client Belge a fourni son numéro d'identification.			
10/05	C'est une prestation de services en France. La TVA est exigible à l'encaissement du règlement.			
12/05	Il s'agit d'un acompte reçu d'un client français sur une prestation de services à effectuer. La TVA est exigible à l'encaissement, donc sur cet acompte la base sera : 1 200/1,2 = 1 000	1 000	200	
16/05	Il s'agit d'un acompte versé sur une prestation de services. La TVA est déductible lors du paiement, donc sur cet acompte la base sera : 12 000/1,2 = 10 000	10 000	2 000	
18/05	Il s'agit d'un acompte versé sur achats de fournitures. La TVA est exigible en date de la livraison.			
20/05	Il s'agit d'une prestation de services. La TVA est exigible à l'encaissement. Un acompte a été versé par le client. La TVA sur l'acompte a déjà été collectée, le reste sera exigible lors du règlement du solde de la facture.			
21/05	La TVA sur le solde de la facture Techoplus est désormais déductible car le paiement vient d'avoir lieu. La base : 23 500 – (12 000/1,2) = 13 500	13 500		2 700
25/05	La prestation exécutée vient d'être payée par le client. La TVA est exigible sur le solde HT réglé. Soit : 7 500 – (1 200/1,2) = 6 500	6 500	1 300	
28/05	Le paiement vient d'avoir lieu. La TVA est désormais exigible.	15 000	3 000	

2. Calcul de la TVA à décaisser

TVA Collectée	6 500
(2 000 + 200 + 1 300 + 3 000 = 6 500)	
TVA déductible	6 700
(2 000 + 2 000 + 2 700 = 6 700)	
TVA à décaisser	–200

Il s'agit d'un crédit de TVA de 200 €.

3. Enregistrement des opérations

		04/05		
411		Client DCG	7440	
	706	Prestations de services		6200
	4458	TVA à régulariser		1240
		06/05		
2154		Matériels et outillages industriels	10000	
44562		TVA déductible sur immobilisations	2000	
	404	Fournisseurs d'immobilisation		10000
	4452	TVA due intracommunautaire		2000
		09/05		
411		Client Belge	88000	
	707	Ventes de marchandises		88000
		Livraison intracommunautaire exonérée		
		10/05		
411		Client CG	18000	
	706	Prestations de services		15000
	4458	TVA à régulariser		3000
		12/05		
512		Banque	1200	
	4191	Clients acomptes reçus		1200
4458		TVA à régulariser	200	
	44571	TVA Collectée		200
		16/05		
4091		Fournisseurs acomptes versés	12000	
	512	Banque		12000
44566		TVA déductible sur ABS	2000	
	4458	TVA à régulariser		2000
		18/05		
4091		Fournisseurs acomptes versés	7500	
	512	Banque		7500
		20/05		
411		Client Montbel	7800	
4191		Clients acomptes reçus	1200	
	706	Prestations de services		7500
	4458	TVA à régulariser		1500

		21/05		
401		Fournisseur Technoplus	16 200	
	512	Banque		16 200
		(23 500 × 1,2) – 12 000		
		Règlement du solde de la facture		
44 566		TVA déductible sur ASB	2 700	
	4 458	TVA à régulariser		2 700
		(16 200 / 1,2) × 0,2		
		25/05		
512		Banque	7 800	
	411	Client Montbel		7 800
4 458		TVA à régulariser	1 300	
	44 571	TVA Collectée		1 300
		28/05		
512		Banque	18 000	
	411	Client CG		18 000
4 458		TVA à régulariser	3 000	
	44 571	TVA Collectée		3 000

Enregistrement de la déclaration

		31/05	Débit	Crédit
44 571		TVA Collectée	4 500	
4 452		TVA due intracommunautaire	2 000	
44 567		Crédit de TVA	200	
	44 566	TVA déductible sur ABS		4 700
	44 562	TVA déductible sur immobilisations		2 000
		22/06		
		Il n'y a pas de règlement de TVA.		
		Il s'agit d'un crédit de TVA		

Dossier 3 : Calcul et enregistrement de la TVA

1. Enregistrement de règlement de la TVA due au titre du mois de mars

		15/04		
455		TVA à décaisser	3 500	
	512	Banque		3 500
		Règlement de la TVA due de mars		

2. Écritures comptables

		02/04		
607		Achats de marchandises	16 000	
44 566		TVA déductible sur ABS	3 200	
	401	Fournisseur		19 200
		05/04		
626		Frais postaux	100	
6354		Timbres fiscaux	250	
	530	Caisse		350

		07/04		
2154 44562	 404	Matériels et outillages industriels TVA déductible sur immobilisations *Fournisseurs d'immobilisation*	28500 5700	 34200
		12/04		
601 44566	 401	Achats matières premières TVA déductible sur ABS Fournisseur	30400 6080	 36480
		14/04		
624 44566	 512	Frais de transport TVA déductible sur ABS Banque	3400 680	 4080
		16/04		
6064 44566	 512	Fournitures bureau TVA déductible sur ABS Banque	2000 400	 2400
		19/04		
411	 707 44571	Clients Ventes de marchandises TVA Collectée (75 000/1,2 = 62 500 × 20 % = 12 500)	75000	 62500 12500
		23/04		
6234 44566	 512	Cadeaux Clients TVA déductible sur ABS Banque	2000 400	 2400
		25/04		
401	 6095 44566 512	Fournisseur RRR obtenus sur achats TVA déductible sur ABS Banque	36480	 1216 243,2 35020,8
		26/04		
627 44566	 512	Services bancaires TVA déductible sur ABS Banque	200 40	 240
		29/04		
6022	 512	Fournitures consommables Banque	1100	 1100
		30/04		
411	 707 44571	Clients Ventes de marchandises TVA collectée	54000	 45000 9000

Calcul de la TVA à décaisser

TVA Collectée	21 500
(12 500 + 9 000)	
TVA déductible	16 256,80
(3 200 + 5 700 + 6 080 + 680 + 400 + 400 + 40 – 243,2 = 16 256,80)	
TVA à décaisser	5 243,20

		30/04	Débit	Crédit
44571		TVA Collectée	21500	
	44566	TVA déductible sur ABS		10556,8
	44562	TVA déductible sur immob.		5700
	4455	TVA à décaisser		5243
	758	Produits divers de gestion courante		0,20
		15/05		
4455		TVA à décaisser	5243	
	512	Banque		5243

Dossier 4 : Déclaration de TVA

1. **Rappeler les règles relatives à la TVA sur les livraisons de biens hors de France.**

Les exportations (ventes hors UE) comme les livraisons intracommunautaires sont exonérées de TVA française. Pour les livraisons intracommunautaires, ce régime d'exonération n'est applicable que si le client de l'UE a fourni son numéro de TVA intracommunautaire à son fournisseur français.

2. **Calculer le montant de TVA due ou le crédit de TVA au titre du mois de novembre N**

	Calculs et justifications	TVA due	TVA déductible
Ventes de produits en France	35 000,00 × 20 %	7 000,00	
Ventes de produits dans l'UE	Les livraisons intracommunautaires exonérées	–	–
Achats en France de plantes et matières	12 500,00 × 20 %		2 500,00
Acquisition en France d'un véhicule de tourisme pour le directeur commercial	TVA non déductible sur les véhicules de tourisme		–
Acquisition d'un serveur informatique en provenance d'Irlande	Autoliquidation de la TVA 2 500,00 × 20 %	500,00	500,00
Règlements d'achats de prestations de service en France	TVA déductible sur les encaissements (2 400 / 1,2) × 20 %		400,00
	TOTAUX	**7500,00**	**3 400,00**

TVA à décaisser au titre du mois de décembre N

7 500 – 3 400 – 1 500 (crédit de TVA novembre) = 2 600,00 €.

3. Enregistrer au journal de l'entreprise le 30 novembre l'écriture de liquidation de la TVA du mois de novembre.

N° compte	30/11/N	Débit	Crédit
44571	TVA collectée	7000,00	
4452	TVA due intracommunautaire	500,00	
44562	TVA déductible sur immobilisations		500,00
44566	TVA déductible sur ABS		2900,00
44567	Crédit de TVA à reporter (novembre)		1500,00
4455	TVA à décaisser		2600,00
	Liquidation TVA novembre		

Les immobilisations

Fiche 5

Schéma de synthèse

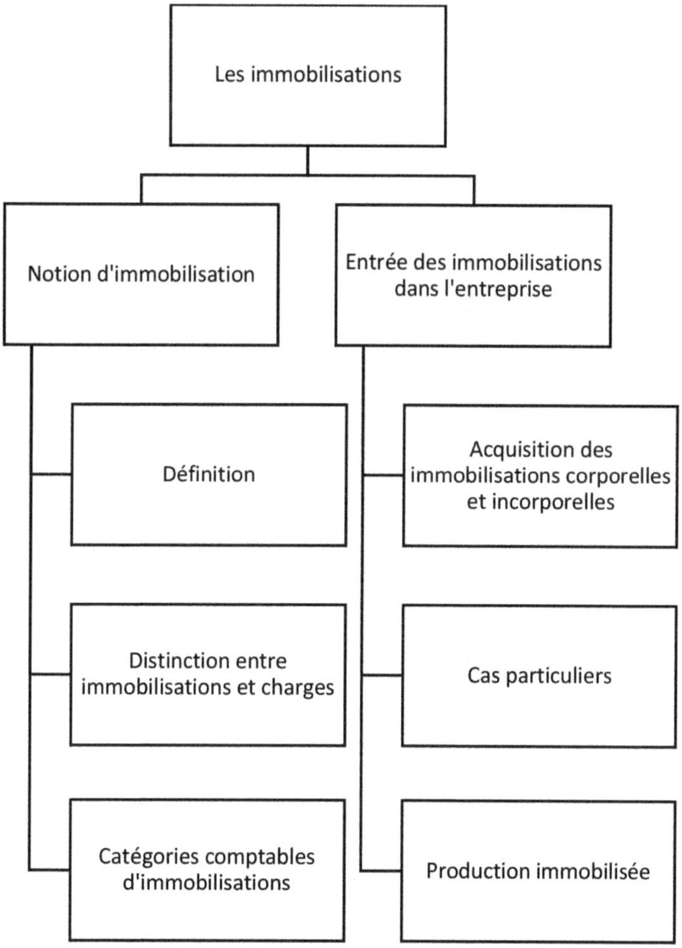

I. Notion d'immobilisation

1. Définition

Une immobilisation est un élément du patrimoine de l'entreprise indispensable à l'exercice de son activité et destinée à rester durablement dans l'entreprise.

Une immobilisation a trois caractères :
- Un actif identifiable et contrôlé c'est-à-dire un droit protégé, droit de propriété droit de créance...
- Cet actif doit générer des avantages économiques futurs
- Cet actif est immobilisé

2. Distinction entre immobilisations et charges

Une charge est une dépense immédiate ou différée qui a pour effet de réduire le patrimoine de l'entreprise.
L'immobilisation est une dépense qui a pour contrepartie l'entrée d'une immobilisation dans le patrimoine de l'entreprise.
Les biens d'une valeur < 500 € sont considérés comme des charges par des dispositions fiscales. On utilise le compte 6063 : fournitures d'entretien et de petit équipement.
Les éléments composants une même immobilisation, mais de durée de vie ou de mode d'amortissement différents, doivent être comptabilisés séparément s'ils ont une valeur significative par rapport à l'ensemble de l'immobilisation (15 % de l'ensemble pour les biens meubles et 1 % pour les constructions)
Les éléments remplacés au cours de la vie de l'immobilisation sont des composants et le reste c'est la structure.
Les dépenses de gros entretien ou des grandes révisions programmées sur plusieurs années peuvent être assimilées à des composants.
Les frais de réparation des immobilisations sont comptabilisés en charges si elles n'entraînent pas une augmentation de la valeur du bien réparé ou de sa durée de vie réelle.

3. Catégories comptables d'immobilisations

En comptabilité, trois catégories sont définies :
- Les immobilisations incorporelles (20) : ce sont des éléments du patrimoine sur lesquelles s'exerce un droit de propriété.
- Les immobilisations corporelles (21) : c'est tout bien ayant une existence physique.
- Les immobilisations financières (26 et 27) : ce sont des titres détenus pour plus d'un an Il y a une volonté de possession durable.

Sur option on peut inclure les frais dans le coût d'acquisition des titres. Pas de TVA sur l'achat des titres. La TVA est exigible sur les frais d'acquisition.

- On utilise le compte 26 lorsqu'il s'agit des parts de capital pour contrôler la société ou exercer une influence.
- On utilise le compte 27 pour percevoir des revenus et/ou réaliser des plus-values, c'est un placement de toute nature. 273 : parts de capital : TIAP pour la rentabilité mais sans intervention dans la gestion, 272 : des créances à L.T. : les obligations, 271 : autres que les TIAP.

Les immobilisations est un actif. Un actif est défini par l'article 211-1 du PCG Comme un élément du patrimoine ayant une valeur économique positive, cette définition repose sur le respect de trois conditions :

- Être un élément identifiable du patrimoine
- Être contrôlé par l'entité
- Procurer des avantages économiques futurs

II. Entrée des immobilisations dans l'entreprise

1. Acquisition des immobilisations corporelles et incorporelles

A. valeur d'entrée

D'après l'article 213-1 du PCG : à leur date d'entrée dans le patrimoine de l'entité, la valeur des actifs est déterminée dans les conditions suivantes :

- les actifs acquis à titre onéreux sont comptabilisés à leur coût d'acquisition ;
- les actifs produits par l'entité sont comptabilisés à leur coût de production ;
- les actifs acquis à titre gratuit sont comptabilisés à leur valeur vénale ;
- les actifs acquis par voie d'échange sont comptabilisés à leur valeur vénale

Les actifs acquis à titre onéreux, la comptabilisation est faite au **coût d'acquisition**. C'est le prix d'achat hors taxe (net financier) majoré des frais accessoires hors taxe (droits de douane, frais de transport, les frais d'installation, de montage, frais d'études d'ingénieurs et architectes).

Les frais liés à l'opération d'achat mais sans rapport avec la mise en état d'utilisation, peuvent **sur option** être rattachés à la valeur d'entrée : les honoraires ou commissions des notaires et intermédiaires, les charges financières, et les droits d'enregistrement. L'option est irrévocable et globale pour toutes les immobilisations corporelles et incorporelles.

D'après l'article 214-9 du PCG : si dès l'origine, un ou plusieurs de ces éléments ont chacun **des utilisations différentes**, chaque élément est comptabilisé séparément et un plan d'amortissement propre à chacun de ces éléments est retenu.

Les éléments principaux d'immobilisations corporelles devant faire l'objet de remplacement à intervalles réguliers, ayant des utilisations différentes ou procurant des avantages économiques à l'entité selon un rythme différent et nécessitant l'utilisation de taux ou de modes d'amortissement propres, doivent être comptabilisés séparément dès l'origine et lors des remplacements.
Ce sont des composants.

B. Traitement comptable

La valeur d'entrée est enregistrée au débit du compte approprié de la classe 2 et la contrepartie soit un compte de trésorerie soit le compte 404 fournisseur d'immobilisations. S'il y a des composants, il faut enregistrer la structure et les composants dans des sous comptes.

Exemple 1

Achat en janvier N d'une machine pour 10 000 €, frais de transport et d'installation 500 €, remise 10 %, escompte 1 % et TVA taux normal.
Conditions de paiement : ½ comptant et l'autre moitié en Juin N

Travail à faire

➥ **1. Établir la facture**
➥ **2. Passez les écritures**

Solution :

1- Facture

Machine XZ 100 Frais de transport	10 000 + 500
Montant brut	10 500
Remise 10 % du prix de la machine	–1000
Net commercial	9 500
Escompte 1 %	–95
Net financier	9 405
TVA 20 %	+1 881
Net à payer	11 286

N.B. : Attention, pour la classe 2, l'enregistrement comptable commence à partir du net financier. Il ne faut jamais enregistrer l'escompte.

2- Écritures

		Janvier N		
2154		Matériel et industriel	9 405	
44562		TVA déductible/immobilisations	1 881	
	512	Banque		5 643
	404	Fournisseur d'immobilisations		5 643

Exemple 2

Achat et mise en service d'une machine au 31/12/N, prix HT : 100 000. Le règlement est prévu en mars N+1. Sa durée d'utilisation est de 10 ans.
Par ailleurs, le tapis devra être remplacé au bout de 5 ans et sa valeur incluse dans le coût total de l'immobilisation s'élève à 20 000 € HT.

Travail à faire

➥ **Passer l'écriture d'acquisition**

Solution

		Janvier N		
2154-1 2154-2 44562		Matériel et industriel- Structure Matériel et industriel- Tapis TVA déductible/immobilisations	80000 20000 20000	
	404	Fournisseur d'immobilisations *Acquisition machine*		120000

2. Cas particuliers

A. Voiture particulière

La TVA n'étant pas récupérable par l'entreprise, c'est le prix TTC qui est la valeur d'entrée.

B. Avances et acomptes

Si des avances ou acompte sur acquisition d'immobilisation ont été versés, ils s'enregistrent dans les comptes 238 ou 237.

Le vendeur peut demander le versement d'une somme à valoir sur le prix qui sera facturé. Ce paiement est appelé :
– Avance, si la somme est versée avant toute exécution de la commande
– Acompte, si elle est versée sur justification d'une exécution partielle.

On débite le compte 23 et plus précisément :
Le compte 237 avances et acomptes versés sur commandes d'immobilisations incorporelles
Le compte 238 avances et acomptes versés sur commandes d'immobilisations corporelles
Elle reste au débit de ce compte jusqu'à la facturation définitive de l'acquisition.

Exemple

Le 15 Avril N, versement d'une avance de 1 500 € par chèque bancaire sur commande d'une machine. Le 20 juin, nous recevons la facture suivante :

Machine	3500
Installation	300
Port	500
Total HT	4300
TVA 20 %	860
Total TTC	5160
Avance du 15/04	1500
Net à payer	3660

Travail à faire

→ **Passez les écritures du 15/04 et du 20/06**

Solution

		15/04		
238		Avances et acomptes	1500	
	512	Banque		1500
		20/06		
2154		Matériel et industriel	4300	
44562		TVA déductible/immobilisations	860	
	238	Avances et acomptes		1500
	404	Fournisseur d'immobilisations		3660
		Acquisition machine		

Les immobilisations corporelles (brevets, marques, logiciels spécifiques…) et les travaux immobiliers sont considérés comme des prestations de services. La TVA est exigible à l'encaissement, en attendant le paiement, il faut utiliser le compte 44 564 : TVA déductible sur encaissements ou 4458 : TVA à régulariser.

C. Logiciels

Dans le cas particulier d'achat de matériel informatique et de logiciel sur la même facture :

- Si le prix de logiciel apparaît distinctement, il est dissocié du matériel et enregistré en immobilisation incorporelles (ou en charge si la valeur HT est inférieure ou égale à 500 €)
- S'il est indissocié, il sera enregistré avec le matériel en immobilisations corporelles.

N.B. : Le droit fiscal assimile le logiciel standard à des biens corporels, donc la TVA est exigible à la livraison.

D. Fonds de commerce

L'acquisition d'un fonds de commerce comprend en général du matériel, les stocks et un droit au bail, etc. Chacun des éléments doit être enregistré dans le compte d'actif concerné. La valeur enregistrée en fonds de commerce est égale à la différence entre la valeur totale du fonds et le cumul des valeurs des éléments enregistrés séparément. Seuls les fonds de commerce acquis par l'entité figurent au bilan d'une entreprise. Les éléments incorporels d'un fonds de commerce qui ne peuvent être dissociés sont enregistrés dans le compte 207. Si le droit au bail ne peut être dissocié, il sera comptabilisé en 207 et pas en 206.
Le fonds commercial est présumé avoir une durée d'utilisation non limitée. Il n'est donc pas amorti. Toutefois, lorsque sa durée est limitée, il fait l'objet d'un amortissement sur cette durée ou, si cette durée ne peut être déterminée de manière fiable, sur 10 ans. Les petites entreprises peuvent amortir tous leurs fonds commerciaux sur 10 ans ce qui les dispensent alors de faire systématiquement un test de dépréciation.
Le droit au bail (206) bénéficie d'une protection qui assure sa pérennité. Il ne peut pas faire l'objet d'un amortissement. Cependant, des modifications dans l'environnement peuvent justifier une dépréciation. Si la VNC est supérieure à sa valeur actuelle, une dépréciation devra être comptabilisée.

N.B. : Le décret du 25/05/2019 en application de la loi Pacte 2019-486 art.47 définit les petites entreprises comme les entreprises ne dépassant pas 2 des 3 critères suivants :
– Total du bilan < 6 000 000 € ;
– CA < 12 000 000 € ;
– Nombre moyen de salariés < 50.

3. Production immobilisée

Il s'agit de biens produits par l'entreprise pour elle-même (livraison à soi-même).
La valeur d'entrée des biens produits par l'entreprise est le coût de production de ces biens.
L'immobilisation est enregistrée au débit du compte approprié de la classe 2.
Les dépenses correspondantes (matières et composants, salaires, ...) sont déjà enregistrées au débit des divers comptes de charges appropriés. Ces charges sont compensées en comptabilité en créditant un compte de produits, 72 : production immobilisée.

Exemple 1 : l'exécution ne dépasse pas la durée de l'exercice

> Le 11 mars N, mise en service d'un hangar construit par l'entreprise elle-même.
> Charges de personnel : 20 000 €, matériaux : 15 000 €.
> Passez l'écriture

Solution

11/03/N				
213		Construction	35000	
	72	Production immobilisée		35000

Exemple 2 : l'exécution dépasse la durée de l'exercice

Le 20/11/N–1, mise en chantier d'un entrepôt construit par l'entreprise elle-même.
Au 31/12/N–1, l'état de l'avancement des travaux est le suivant.
Charges de personnel : 5 000 €, matériaux : 4 000 €
Le 11/03/N, mise en service de l'entrepôt. Coût de production N : charges de personnel : 15 000 € et matériaux : 11 000 €.
Passez les écritures

Solution

20/11/N–1				
231		Construction	9000	
	72	Production immobilisée		9000
		Immobilisation en cours		
11/03/N				
213		Construction	35000	
	231	Immobilisation corporelle en cours		9000
	72	Production immobilisée		26000
		Mise en service LASM		

NB : L'article 32 de la loi de simplification de la vie des entreprises a supprimé la pratique de l'autoliquidation de la TVA sur les opérations de la livraison à soi-même lorsque le redevable aurait pu réduire la TVA en totalité s'il avait acquis le bien auprès d'un autre assujetti à la TVA.
L'autoliquidation demeure pour l'acquisition des immobilisations dont l'acquisition n'aurait pas ouvert droit à une déduction totale de TVA ainsi que pour les immeubles de logements sociaux.

Ce qu'il faut retenir

- Valeurs d'entrée des actifs dans le patrimoine de l'entreprise.
- D'après l'article 213-1 du PCG : à leur date d'entrée dans le patrimoine de l'entité, la valeur des actifs est déterminée dans les conditions suivantes :
  - les actifs acquis à titre onéreux sont comptabilisés à leur coût d'acquisition ;
  - les actifs produits par l'entité sont comptabilisés à leur coût de production ;
  - les actifs acquis à titre gratuit sont comptabilisés à leur valeur vénale ;

– les actifs acquis par voie d'échange sont comptabilisés à leur valeur vénale

- Les composants d'une immobilisation sont comptabilisés séparément.
- D'après l'article 214-9 du PCG : si dès l'origine, un ou plusieurs de ces éléments ont chacun des utilisations différentes, chaque élément est comptabilisé séparément et un plan d'amortissement propre à chacun de ces éléments est retenu.
- Les éléments principaux d'immobilisations corporelles devant faire l'objet de remplacement à intervalles réguliers, ayant des utilisations différentes ou procurant des avantages économiques à l'entité selon un rythme différent et nécessitant l'utilisation de taux ou de modes d'amortissement propres, doivent être comptabilisés séparément dès l'origine et lors des remplacements.
- Distinction entre biens immobilisés et non immobilisés

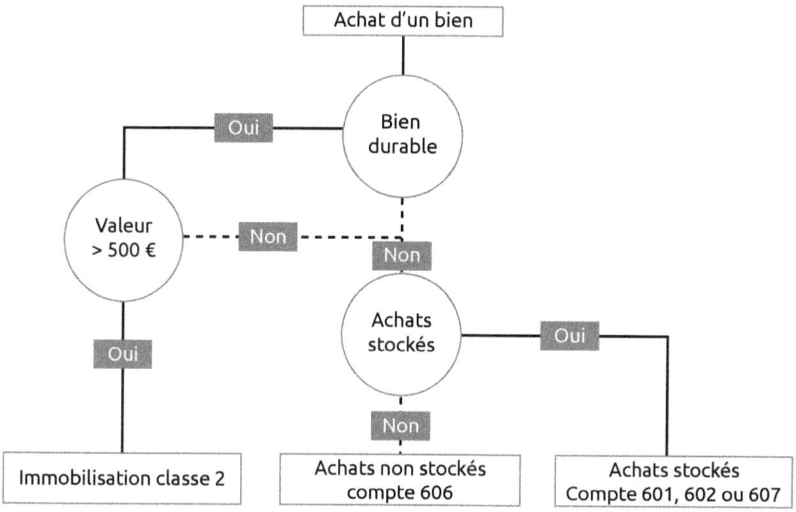

- La comptabilisation est faite au coût d'acquisition. C'est le prix d'achat hors taxe (net financier) majoré des frais accessoires hors taxe (droits de douane, frais de transport, les frais d'installation, de montage, frais d'études d'ingénieurs et architectes).
- Les frais liés à l'opération d'achat mais sans rapport avec la mise en état d'utilisation, peuvent sur option être rattachés à la valeur d'entrée : les honoraires ou commissions des notaires et intermédiaires, les charges financières, et les droits d'enregistrement.
- **L'option est irrévocable et globale pour toutes les immobilisations corporelles et incorporelles.**

CAS ICOF

Dossier 1

Mission

La société ICOF a réalisé les opérations suivantes courant le mois de mai.
6/05- Apport de M. Martin lors de la création de son entreprise :
Caisse d'épargne : 6 500 €
Chèques postaux : 3 500 €
Caisse : 1 300 €
8/05- Achat à crédit d'une camionnette montant HT : 16 000 €
10/05 Achat de mobilier de bureau payé par chèque : 2 200 € HT.
12/05- Paiement par chèque de loyer mensuel 1 200 € et versement de 2 mois de loyer à titre de garantie.
16/05- 1er règlement de la camionnette 6 000 €. Le solde sera payé le 15/06 et 15/07 par prélèvement bancaire de même montant.
22/05- Achat d'un photocopieur 5 200 HT.
26/05- Achat d'un brevet de fabrication pour un montant de 26 000 €
28/05- La société accepte une traite au 30/06 pour l'achat du 22/05

Pour réaliser cette mission, vous devez :

1. Enregistrez au journal les écritures concernant ces opérations.

Dossier 2

Mission

Pour fabriquer les pièces mécaniques de ses robots pédagogiques, l'entreprise ICOF fait l'acquisition d'une imprimante 3D. Elle a reçu gratuitement une graveuse.
Pour réaliser cette mission, à l'aide de document 1, vous devez :

1. En vous appuyant sur les critères de définition d'un actif, justifier le fait de considérer l'imprimante 3D comme tel.
2. Préciser les éléments retenus pour le calcul des valeurs d'entrée pour l'imprimante 3D et la graveuse chimique dans le patrimoine de l'entreprise, puis calculer ces valeurs.
3. Enregistrer au journal les écritures du mois de novembre N relatives à ces deux acquisitions.

Document 1 – Acquisition d'une imprimante 3D et d'une graveuse chimique

Les caractéristiques de **l'acquisition de l'imprimante 3D.**

Une avance de 300 € HT est versée par l'entreprise ICOF le 2 novembre N lors de la commande (virement n° 204).

Réception de la facture n° 5291 et date de mise en service au 22 novembre N.

Prix d'acquisition : 10 000 € HT.

Frais de livraison : 50 € HT.

Coût nécessaire de réglage avant sa première utilisation : 350 € HT.

Le paiement a lieu le 3 décembre N par virement bancaire.

Les caractéristiques de **la graveuse** sont par ailleurs :

Mise en service le 26 novembre N, soit le jour où elle a été donnée gratuitement.

Valeur sur le marché de l'occasion au 26/11/N : 1 500 € HT.

Frais estimés en cas de cession (frais de remise en état et de réglage, frais d'envoi) : 200 € HT.

Solution

Dossier 1

		06/05		
512 514 530	 101	Banque Chèques postaux Caisse Capital	6500 3500 1300	 11300
		08/05		
2182 44562	 404	Matériels de transport TVA déductible sur immobilisations *Fournisseurs d'immobilisation*	16000 3200	 19200
		10/05		
2183 44562	 512	Matériels de bureau TVA déductible sur immobilisations Banque	2200 440	 2640
		12/05		
275 613	 512	Dépôts et cautionnements Locations Banque	2400 1200	 3600
		16/04		
404	 512	Fournisseurs d'immobilisations Banque	6000	 6000
		22/05		
2183 44562	 404	Matériels de bureau TVA déductible sur immobilisations Fournisseurs d'immobilisations	5200 1040	 6240
		26/05		
205	 404	Brevet Fournisseurs d'immobilisations	26000	 26000
		28/05		
404	 405	Fournisseurs d'immobilisations Fournisseurs d'immobilisations : effets à payer	6240	 6240

Dossier 2

1. **En vous appuyant sur les critères de définition d'un actif, justifier le fait de considérer l'imprimante 3D comme tel.**

   L'imprimante 3D acquise par l'entreprise ICOF relève de la définition générale des actifs :

   - elle est identifiable car il est possible de l'individualiser et de la détacher des autres éléments du patrimoine ;
   - elle est contrôlée par l'entreprise qui la détient et peut l'utiliser pour ses besoins et ainsi bénéficier des revenus qu'elle procure ;
   - elle procure des avantages économiques futurs. Son utilisation par l'entreprise ICOF lui permettra de dégager des revenus grâce aux ventes de robots permises par cette imprimante.

2. **Préciser les éléments retenus pour le calcul des valeurs d'entrée pour l'imprimante 3D et la graveuse chimique dans le patrimoine de l'entreprise, puis calculer ces valeurs.**

L'imprimante 3D est une acquisition à titre onéreux, elle est évaluée lors de son entrée dans le patrimoine au coût d'acquisition qui correspond au coût d'achat auquel s'ajoutent tous les coûts directement attribuables engagés pour mettre l'imprimante en place et en état de fonctionner. Valeur d'entrée de l'imprimante 3D au 22/11/N : 10 000 + 50 + 350 = 10 400.

La graveuse est une acquisition à titre gratuit, elle est évaluée à sa valeur vénale qui est égale au montant qui pourrait obtenu de sa vente, diminué des coûts de sortie liés à cette vente.

Valeur d'entrée de la graveuse au 26/11/N : 1 500 – 200 = 1 300.

3. **Enregistrer au journal les écritures du mois de novembre N relatives à ces deux acquisitions.**

		02/11		
238		Avances et acomptes	300	
	512	Banque		300
		Virement N° 204		
		22/11		
2154		Matériel et industriel	10400	
44562		TVA déductible/immobilisations	2080	
	238	Avances et acomptes		300
	404	Fournisseur d'immobilisations		12180
		Facture N° 5291		
2154		Matériel et industriel	1300	
	7788	Produits exceptionnels divers		1300
		Selon attestation		

Fiche 6 Les titres

Schéma de synthèse

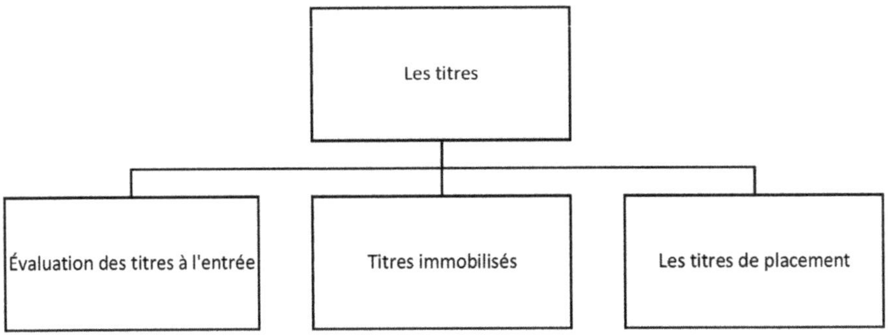

Le PCG distingue quatre catégories de titres :

- **les titres de participation**, dont la possession est durable et estimée utile à l'activité de l'entreprise. Ces titres permettent d'exercer une influence sur la société émettrice et d'en assurer le contrôle 26 contrôler ou exercer une influence ;
- **Les autres titres immobilisés**, autres que les titres de participation que l'entreprise à l'intention de conserver, pour percevoir des revenus et/ou réaliser des plus-values, c'est un placement de toute nature 27 ;
- **Les titres immobilisés de l'activité de portefeuille (TIAP)**, pour retirer à plus ou moins longue échéance une rentabilité suffisante et sans intervenir dans la gestion ;
- **Les valeurs mobilières de placement**, acquis en vue de réaliser un gain à court terme.

I. Évaluation des titres à l'entrée

Les titres immobilisés sont évalués selon les règles générales d'évaluation applicables aux immobilisations.

Les frais d'acquisition sont donc inclus dans le coût d'acquisition des titres sauf si l'entreprise choisit de les inscrire en charges. Sur le plan fiscal, l'incorporation des frais est obligatoire pour les sociétés soumises à l'I.S. Ces frais sont amortis sur 5 ans avec un prorata la 1re et la dernière année. Les comptes 687 à 145 seront utilisés car les titres ne sont pas amortissables.

L'option est globale pour l'ensemble des titres (immobilisés et de placement).

II. Titres immobilisés

Les titres immobilisés sont évalués selon les règles générales d'évaluation applicables aux immobilisations.
Les frais d'acquisition sont donc inclus dans le coût d'acquisition des titres sauf si l'entreprise choisit de les inscrire en charges.
L'option est globale pour l'ensemble des titres (immobilisés et de placement).

Exemple

La société DCG a acheté les titres suivants. Tous ces achats sont réglés par chèque.
4/04- Achat de 30 titres de la société CG dans laquelle elle a déjà une participation 120 € l'unité.
15/04- Achat de 50 titres qu'elle désire conserver :
Prix unitaire : 80 €
Frais de commission : 420 € (TVA taux normal)

Travail à faire

→ **Enregistrez ces opérations au journal de la société DCG**

Solution

		04/04/N		
261		Titres de participation	3600	
	512	Banque		3600
		(30 × 120 achats 30 titres CG)		
		15/04/N		
271		Matériel et industriel	4000	
627		Service bancaire	420	
44566		TVA déductible/ABS	84	
	512	Banque		4504

III. Les titres de placement

Les titres de placement sont évalués au prix d'acquisition.

Exemple

La société DCG a acheté les titres suivants. Tous ces achats sont réglés par chèque.
4/05- Achat de 40 titres de placement A à 100 € l'unité.
15/05- Achat de 100 titres de placement B :
Prix unitaire : 50 €
Frais de commission : 520 € (TVA taux normal)
30/06- La société a encaissé 3 750 € de revenus des titres de placement.

Travail à faire

➥ **Enregistrez ces opérations au journal de la société DCG**

Solution

		04/04/N		
503		Valeurs mobilières de placement	4 000	
	512	Banque		4 000
		(40 × 100 achats 40 titres)		
		15/04/N		
503		Valeurs mobilières de placement (50 × 100)	5 000	
627		Service bancaire	520	
44566		TVA déductible/ABS	104	
	512	Banque		5 624
512		Banque	3 750	
	764	Revenus des VMP		3 750

Ce qu'il faut retenir

- Les quatre catégories de titres en comptabilité.

Titres de participation	Titres acquis pour intervenir (influence ou contrôle) dans la gestion de la société émettrice.
Titres immobilisés de l'activité de portefeuille (TIAP)	Titres acquis en vue d'une détention durable motivée par des perspectives de rentabilité satisfaisante dans le cadre de la gestion d'un portefeuille.
Autres titres immobilisés	Autres titres que l'entreprise à l'intention de conserver durablement.
Valeurs mobilières de placement	Titres acquis en vue de réaliser un gain à court terme. C'est pour faire de la spéculation.

- Évaluation de la valeur actuelle, lors de l'inventaire pour :
- Les titres de participation à la valeur d'utilité ou d'usage
- Les TIAP sont évalués à leur valeur de marché : coût de revient, cours de Bourse, valeur de rendement.
- Les autres c'est le cours du dernier mois pour les titres côtés et la valeur probable de négociation pour les non côtés.
- Les valeurs mobilières de placement cotées ou non :
  - VMP cotées : cours moyen du dernier mois
  - VMP non cotées : valeur probable de négociation : prix stipulé lors de transaction, valeur mathématique de rendement, etc.

CAS MATMATA

Dossier 1

Mission

La société a acheté les titres suivants. Tous ces achats sont réglés par chèque.

4/03- Achat de 60 titres de placement X à 50 € l'unité. Commission HT 200 € (TVA taux normal)
8/03 Achat de 100 titres de participation A à 40 € l'unité.
15/03- Achat de 200 titres de placement Y :
Prix unitaire : 50 €
Frais de commission : 720 € (TVA taux normal)
20/03- Achat de 100 titres de placement X à 70 € l'unité. Commission HT 280 € (TVA taux normal)
25/03 Vente de 80 titres de placement X à 75 € l'unité.
30/03- La société a encaissé 4 250 € de revenus des titres de placement.

Pour réaliser cette mission, vous devez :

Enregistrez ces opérations au journal de la société

Dossier 2

Le 1/09 pour placer un excédent de trésorerie la société fait l'acquisition de 20 titres côtés au prix unitaire de 200 €. La banque prélève une commission HT de 120 € et la totalité de la somme le jour même.
30/09 la société reçoit l'avis de crédit indique la perception de dividendes annuels sur les cations acquis le 1er septembre. Montant unitaire 5 €.

Pour réaliser cette mission, vous devez :

1. Rappeler les règles d'évaluation des titres acquis à titre onéreux lors de leur entrée dans le patrimoine.
2. Passez les écritures

Durant le mois de novembre la société a procédé aux cessions de titres suivantes.
Le 8 novembre : cession d'actions A qui avaient été acquises dans le cadre d'une rentabilité à long terme.
Valeur totale des actions cédées : 8 000 €.
Valeur à l'acquisition : 6 500 €.
Aucune dépréciation n'a été constatée lors des inventaires précédents.

Le 21 novembre : cession des 200 actions B au cours unitaire de 30 €. Ces actions avaient été acquises en mars de la même année en vue d'un placement temporaire de trésorerie.

Valeur unitaire à l'acquisition : 35 €
Les règlements ont été effectués au comptant par virement bancaire.

3. Quelles sont les différences entre action et obligation
4. Comptabilisez les deux cessions de titres.

Vous disposez d'un extrait du portefeuille titres au 31/12/N

N° comptes	Titres	Quantités	Dates d'achat	Prix d'achat unitaires	Valeurs au 31/12/N	Dépréciations au 31/12/N–1	DAP	RAP
261	C	300	11/03/N–1	40 €	38 €	1000 €		
503	X	50	12/08/N	150 €	140 €			
271	D	60	10/06/N–1	50 €	45 €	100 €		
503	Y	80	20/07/N	50 €	55 €			

5. Calculez et enregistrez les éventuelles dotations ou reprises sur dépréciations des titres au 31/12/N.

Solution

Dossier 1

		04/03/N		
503 627 44566	 512	Actions X Services bancaires TVA déductible sur ABS Banque *Achat de 60 titres de placement X*	3000 200 40	 3240
		08/03/N		
261	 512	Titres de participation Banque (100 × 40 = 4000) *Achat de 100 titres de participation A*	4000	 4000
		15/03/N		
503 627 44566	 512	Actions Y Services bancaires TVA déductible sur ABS Banque *Achat de 200 titres de placement Y*	10000 720 144	 10864
		20/03/N		
503 627 44566	 512	Actions X Services bancaires TVA déductible sur ABS Banque *Achat de 100 titres de placement X*	7000 280 56	 7336
		25/03/N		
512	 503 767	Banque Actions X Produits nets sur cessions de VMP **(60 × 50) + (20 × 70)** *Vente 80 titres X*	6000	 4400 1600
		30/03/N		
512	 764	Banque Revenus des VMP	4250	 4250

Dossier 2

1. **Les règles d'évaluation des titres acquis à titre onéreux lors de leur entrée dans le patrimoine.**

Les titres sont évalués au coût d'acquisition = Prix d'achat + Coûts directement attribuables.

Les coûts attribuables sont constitués des seuls frais d'acquisition des titres. De ce fait, ils bénéficient d'une option pour la constatation immédiate en charges.

2. Les écritures comptables

		01/09/N		
503 627 44566	 512	Actions X Services bancaires TVA déductible sur ABS Banque Achat de 60 titres de participation X	4000 120 24	 4144
		30/09/N		
512	 764	Banque Revenus des VMP	100	 100

3. Différences entre action et obligation

L'action confère un droit de propriété, si le résultat est un bénéfice elle donne droit aux dividendes.

L'obligation confère un droit de créance, quel que soit le résultat elle donne droit aux intérêts.

4. Écritures de cession

		08/11/N		
512	 775	Banque Produits des cessions d'éléments d'actif	8000	8000
675	 273	Valeurs comptables des éléments d'actif cédés TIAP *Cession et sortie des actions A*	6500	6500
		21/11/N		
512 667	 503	Banque Charges nettes sur cessions de VMP Actions *Cession et sortie des actions B*	6000 1000	 7000

5. Calcul et enregistrement des éventuelles dotations ou reprises sur dépréciations des titres au 31/12/N.

Titres	Dépréciations N	Dépréciations N–1	Dotations	Reprises
C	$300 \times (40 - 38) = 600$ €	1000		400
X	$50 \times (150 - 140) = 500$ €		500	
D	$60 \times (50 - 45) = 300$ €	100	200	
Y	$55 > 50$ donc pas de dépréciation			
Total			700	400

		31/12/N		
2961	 7866	Dépréciations des titres de participation RAP financiers *Reprise sur les titres C*	400	 400
6866	 2971 5903	DAP financiers Dépréciations des autres titres Dépréciations des VMP *Dotation dépréciation des titres X et D*	700	 200 500

Les moyens de financement

Fiche 7

Schéma de synthèse

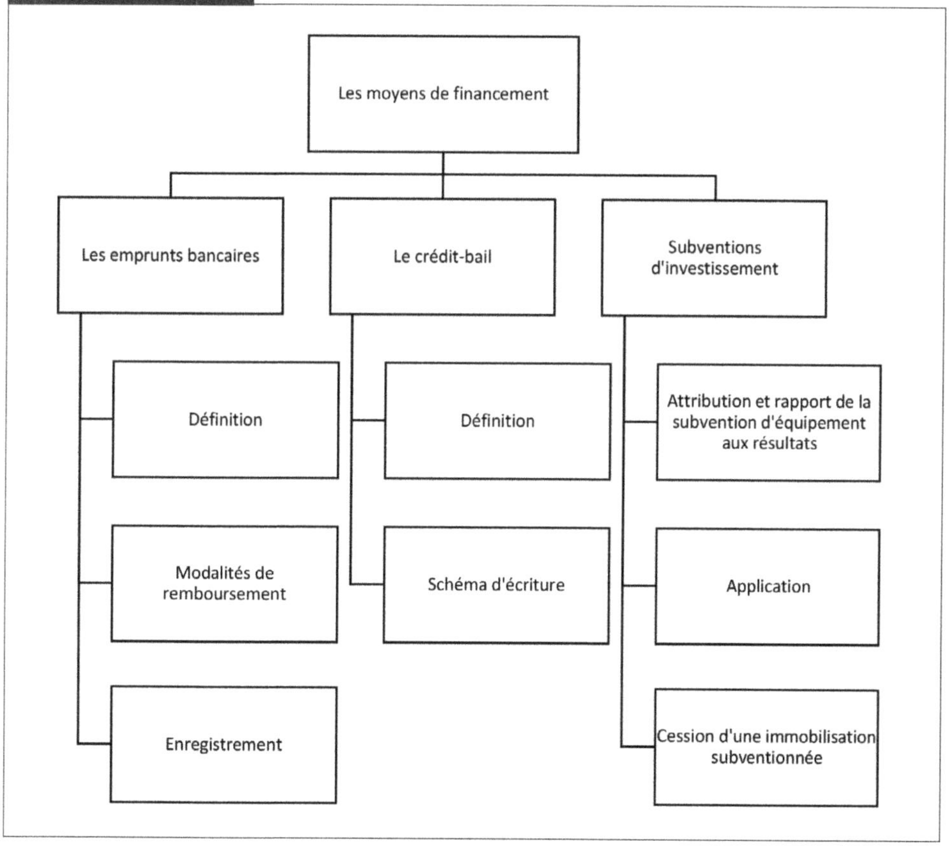

Les investissements peuvent être financés par des financements internes (apport initial ou par augmentation du capital) et externes (crédits accordés par le fournisseur d'immobilisation, par des subventions, par des emprunts bancaires et par recours au crédit-bail)

Les investissements, l'accroissement du besoin en fonds de roulement doivent être financés par des ressources stables.

L'autofinancement étant souvent insuffisant, il faut alors envisager de recourir à des modes de financement externes.

I. Les emprunts bancaires

1. Définition

Un emprunt est dit indivis quand il est accordé par un prêteur unique. Le remboursement s'effectue par versements périodiques : annuités, chaque annuité est constituée par :

- Une fraction du capital emprunté, on parle d'amortissement de l'emprunt
- Les intérêts calculés sur le montant du capital non encore amortie en appliquant un taux d'intérêt.

On a donc : Annuité = Amortissement + intérêts

2. Modalités de remboursement

A. Remboursement in fine

L'emprunt est remboursé en une seule fois à la fin. Les intérêts sont payables périodiquement. Ils sont calculés à chaque fois sur le montant total de l'emprunt.

Exemple

> Emprunt de 100 000 € sur 5 ans, au taux de 3 %. Les intérêts sont payables à la fin de chaque année : 100 000 × 3 % = 3 000 € et les 100 000 sont remboursés au terme des cinq ans.

B. Remboursement par amortissement constant

Au terme de chaque période, l'entreprise rembourse une fraction du montant emprunté et paye les intérêts relatifs à cette période.

$$\text{Amortissement} = \frac{\text{montant de l'emprunt}}{\text{durée de remboursement}}$$

Exemple

> Emprunt de 100 000 € sur 5 ans, taux i = 3 %

Travail à faire

➥ **Dressez le tableau d'amortissement de l'emprunt**

Solution

A = 100 000/5 = 20 000

Années	Capital restant dû	Intérêts	Amortissements	Annuités
1	100 000	3000	20000	23000
2	80 000	2400	20000	22400
3	60 000	1800	20000	21800
4	40 000	1200	20000	21200
5	20 000	600	20000	20 600
Totaux		9000	100000	109 000

Remarques

La dernière annuité est égale au dernier amortissement × (1 + i)

Les annuités sont en progression arithmétique de raison : –C/n × i et de 1er terme C/N + Ci

C. Remboursement par annuités constantes

$$A = \frac{Cxi}{1-(1+i)^{-n}}$$

Exemple

Reprenons l'exemple précédent

Travail à faire

➥ **1. calculez l'annuité constante**

➥ **2. Dressez le tableau d'amortissement de l'emprunt**

Solution

A = 100 000 × 0,03/1- $(1,03)^{-5}$ = 21 835,457 équivalent à 21 835,46

Années	Capital restant dû	Intérêts	Amortissements	Annuités
1	100 000	3000	18 835,46	21 835,46
2	81 164,54	2 434,94	19 400,52	21 835,46
3	61 764,02	1 852,92	19 982,54	21 835,46
4	41 781,48	1 253,44	20 582,02	21 835,46
5	21 199,46	635,98	21 199,48	21 835,46
Totaux		9 177,28	100 000,02	109 177,30

Remarques

Les amortissements sont en progression géométrique de raison (1 + i)

A = An (1 + i), l'annuité est égale au dernier amortissement multiplié par (1 + i)

3. Enregistrement

A. Chez l'emprunteur

Au moment de l'emprunt

512		Banque		montant de l'emprunt
	164			Emprunts

À la clôture de l'exercice

661		Charges d'intérêts		
	1688	intérêts courus sur emprunt		

À l'échéance

164		Emprunts			Amortissement	
661		Charges d'intérêts			intérêts	
	512		Banque			Annuité

B. Chez le prêteur

L'octroi du prêt

274		Prêt		
	512		Banque	

À la clôture

2768		Intérêts courus sur emprunt		
	762	revenus des prêts		

À l'échéance

512		Banque		
	274		Prêts	
	762		Produits des autres immobilisations financières	

II. Le crédit-bail

1. Définition

Le crédit-bail est un contrat de location de biens mobiliers ou immobiliers. Le locataire a la faculté d'acquérir le bien aux termes du contrat moyennant une somme déterminée à l'avance.

Les sommes versées pendant la durée du bail sont dénommées loyers ou redevances. Le locataire n'est pas propriétaire du bien, le bien ne peut donc être inscrit dans son actif immobilisé.

Les contrats de crédit-bail sont des contrats de location assortis d'une option d'achat au terme d'une certaine durée à un prix fixé à l'avance.

2. Schéma d'écriture

275		Dépôts et cautionnement versés		
	512	Banque		
		Dépôt de garantie		
612		Redevances de crédit-bail		
44566		TVA déductible sur ABS		
	512	Redevance		
2183		Matériel informatique		
44566		TVA déductible sur ABS		
	275	Dépôts et cautionnement versés		
	512	Banque		
		Levée de l'option d'achat		

III. Subventions d'investissement

Les subventions sont des aides financières accordées par l'État, les collectivités, etc., elles sont destinées à compléter certaines recettes ou compenser certaines charges. Il y a

- Les **subventions d'exploitation** sont des aides qui permettent de compenser l'insuffisance de certains produits d'exploitation ou de faire face à certaines charges d'exploitation ;
- Les **subventions d'équilibre** sont des aides qui permettent de compenser tout ou partie de la perte globale que l'entreprise aurait constatée si cette subvention ne lui avait pas été accordée.
- Les **subventions d'investissement**, appelées subvention d'équipement (pas de TVA), sont attribuées aux entreprises pour les aider à financer leurs opérations d'investissements à long terme.

1. Attribution et rapport de la subvention d'équipement aux résultats

Lors de son attribution, la subvention est considérée comme une ressource de financement. Elle est inscrite au crédit de compte 131 : subvention d'équipement. En principe, elle constitue un produit imposable de l'exercice. Le PCG prescrit de rapporter progressivement la subvention aux résultats en transformant la ressource externe en produit. À la fin du rapport de la subvention, il faut solder les comptes concernant cette subvention.

2. Application

Le 15/02/N, une entreprise se voit attribuer une subvention au taux de 25 % destinée à financer l'acquisition d'une machine à 120 000 € HT, cette machine a une durée d'utilisation et d'usage de 5 ans. Elle est admise au système dégressif.
La machine est acquise le 01/05/N, la subvention est effectivement encaissée le 20/05/N.

Travail à faire

➥ **Passez toutes les écritures du 15/02 au 31/12/N et le 31/12/N+4**

Solution

		15/02		
441		État subvention à recevoir	30 000	
	131	Subvention d'équipement		30 000
		Attribution de la subvention		
		01/05		
2154		Matériels et outillages industriels	120 000	
44562		TVA déductible sur immobilisations	24 000	
	404	Fournisseurs d'immobilisations		144 000
		Acquisition de la machine		
		20/05		
512		Banque		
	441	État subvention à recevoir	30 000	30 000
		Encaissement de la subvention		
		31/12		
681		DAP d'exploitation	16 000	
	28154	Amortissements matériels		16 000
		(120 000 × 0,2 × 8/12)		
		Dotation aux amortissements année N		
68725		DAP exceptionnelles	12 000	
	145	Amortissements dérogatoires		12 000
139		Subventions inscrites au compte résultat	7 000	
	777	Quote-part des subventions virée		7 000
		Part de la subvention transformée en produit		
131		Subvention d'équipement	30 000	
	139	Subventions inscrites au compte résultat		30 000
		Solde de la subvention		

3. Cession d'une immobilisation subventionnée

En cas d'une cession d'une immobilisation acquise à l'aide d'une subvention, la fraction de la subvention non encore inscrite au compte de résultat doit être rapportée au résultat. Il faut débiter le compte 139 et créditer le 777. Ensuite, il faut solder la subvention en débitant le compte 131 et en créditant le compte 139.

Ce qu'il faut retenir

- Le remboursement d'un emprunt s'effectue par versements périodiques : annuités, chaque annuité est constituée par :
- Une fraction du capital emprunté, on parle d'amortissement de l'emprunt
- Les intérêts calculés sur le montant du capital non encore amortie en appliquant un taux d'intérêt.
- On a donc : Annuité = Amortissement + intérêts
- Il y a trois Modalités de remboursement
- Remboursement in fine
- L'emprunt est remboursé en une seule fois à la fin. Les intérêts sont payables périodiquement. Ils sont calculés à chaque fois sur le montant total de l'emprunt.
- Amortissement constant

$$\text{Amortissement} = \frac{\text{montant de l'emprunt}}{\text{durée de remboursement}}$$

- Annuité constante

$$A = \frac{Cxi}{1-(1+i)^{-n}}$$

- Le crédit-bail est un contrat de location de biens mobiliers ou immobiliers. Le locataire a la faculté d'acquérir le bien aux termes du contrat moyennant une somme déterminée à l'avance.
  - Les **subventions d'exploitation** sont des aides qui permettent de compenser l'insuffisance de certains produits d'exploitation ou de faire face à certaines charges d'exploitation ;
  - Les **subventions d'équilibre** sont des aides qui permettent de compenser tout ou partie de la perte globale que l'entreprise aurait constatée si cette subvention ne lui avait pas été accordée.
  - Les **subventions d'investissement**, appelées subvention d'équipement (pas de TVA), sont attribuées aux entreprises pour les aider à financer leurs opérations d'investissements à long terme.
- Le PCG prescrit de rapporter progressivement la subvention aux résultats en transformant la ressource externe en produit.
- À la fin du rapport de la subvention, il faut solder les comptes concernant cette subvention.

■ Les règles d'étalement

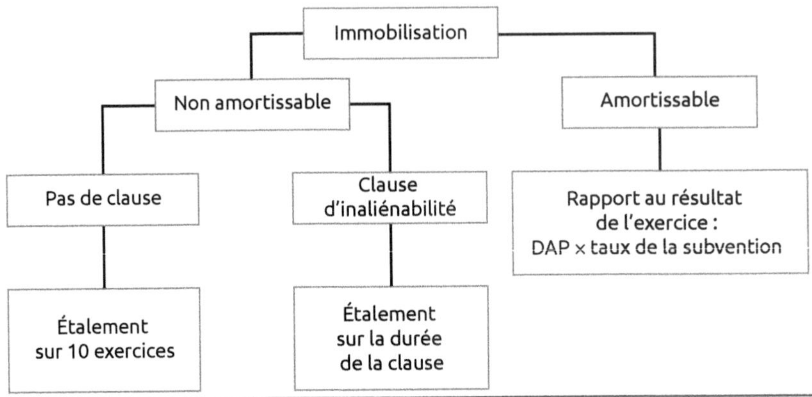

CAS TIJMA

Vous êtes apprenti au cabinet TIJMA et vous avez deux dossiers à traiter.

Dossier 1 Emprunt

Mission

Le 30 avril N, la société DCG a contracté un emprunt de 100 000 € remboursable sur 5 ans par amortissement constant au taux de 3 %. Le premier remboursement a lieu le 30 avril N+1.

Pour réaliser cette mission, vous devez :

1. Présentez le tableau d'amortissement
2. Passez les écritures de l'année N
3. Enregistrez le premier remboursement

Dossier 2 Crédit-bail

Mission

La société CG a signé un contrat de crédit-bail mobilier pour l'achat d'une machine-outil. Les caractéristiques du contrat sont les suivants.
Date signature 1er octobre
Valeur de la machine : 120 000 € HT, sa durée de vie est de 10 ans.
Dépôt de garantie : 15 000 €
Versement de 5 redevances annuelles d'un montant de 26 000 € HT. La première sera versée le 1er octobre N.
Option d'achat au 1er octobre N+5 : 20 000 € HT.

Pour réaliser cette mission, vous devez :

1. Enregistrez toutes les écritures de l'année N
2. Le 1er octobre N+5, l'option d'achat est levée. Passez les écritures nécessaires à la suite de cette décision.
3. Fin juin N+6, la machine est cédée pour un prix HT de 25 000 €. Enregistrez les écritures concernant cette cession.

Solution

Dossier 1 : Emprunt

1. Le tableau d'amortissement

Amortissement = 100 000/5 = 20 000

Année	Capital restant dû	Intérêt	Amortissement	Annuité
N	100 000	3 000	20 000	23 000
N+1	80 000	2 400	20 000	22 400
N+2	60 000	1 800	20 000	21 800
N+3	40 000	1 200	20 000	21 200
N+4	20 000	600	20 000	20 600
		9 000	100 000	109 000

2. Écritures de l'année N

		30/04/N		
512		Banque	100 000	
	164	Emprunts		100 000
		31/12/N		
661		Charges d'intérêt	2 000	
	1688	Intérêts courus non échus (100 000 × 3 % × 8/12)		2 000

3. Écriture premier remboursement

		30/04/N+1		
164		Emprunts	20 000	
661		Charges d'intérêt	3 000`	
	512	Banque		23 000

Dossier 2 : Crédit-bail

1. Écritures de l'année N

		01/10/N		
6122		Redevance crédit-bail mobilier	26 000	
44566		TVA déductible sur ABS	5 200	
275		Dépôts et cautionnements	15 000	
	404	Fournisseurs d'immobilisations		46 200
404		Fournisseurs d'immobilisations	46 200	
	512	Banque		46 200
		31/12/N		
486		Charges constatées d'avance	19 500	
	6122	Redevance crédit-bail mobilier (26 000 × 9/12)		19 500

2. Écritures de la levée d'option

		01/10/N+5		
2154 44562	 275 404	Matériels et outillages industriels TVA déductible sur immobilisations Dépôts et cautionnements Fournisseurs d'immobilisations	20000 4000	 15000 9000
404	 512	Fournisseurs d'immobilisations Banque *Levée d'option d'achat*	9000	 9000
		31/12/N+5		
681	 28154	DAP exploitation Amortissements matériels	1000	 1000

3. Écritures de la cession

		30/06/N+6		
681	 28154	DAP exploitation Amortissement matériels	2000	 2000
675 28154	 2154	Valeurs comptables des éléments A.C. Amortissements matériels Matériels et outillages industriels	17000 3000	 20000

Fiche 8

Les règlements

Schéma de synthèse

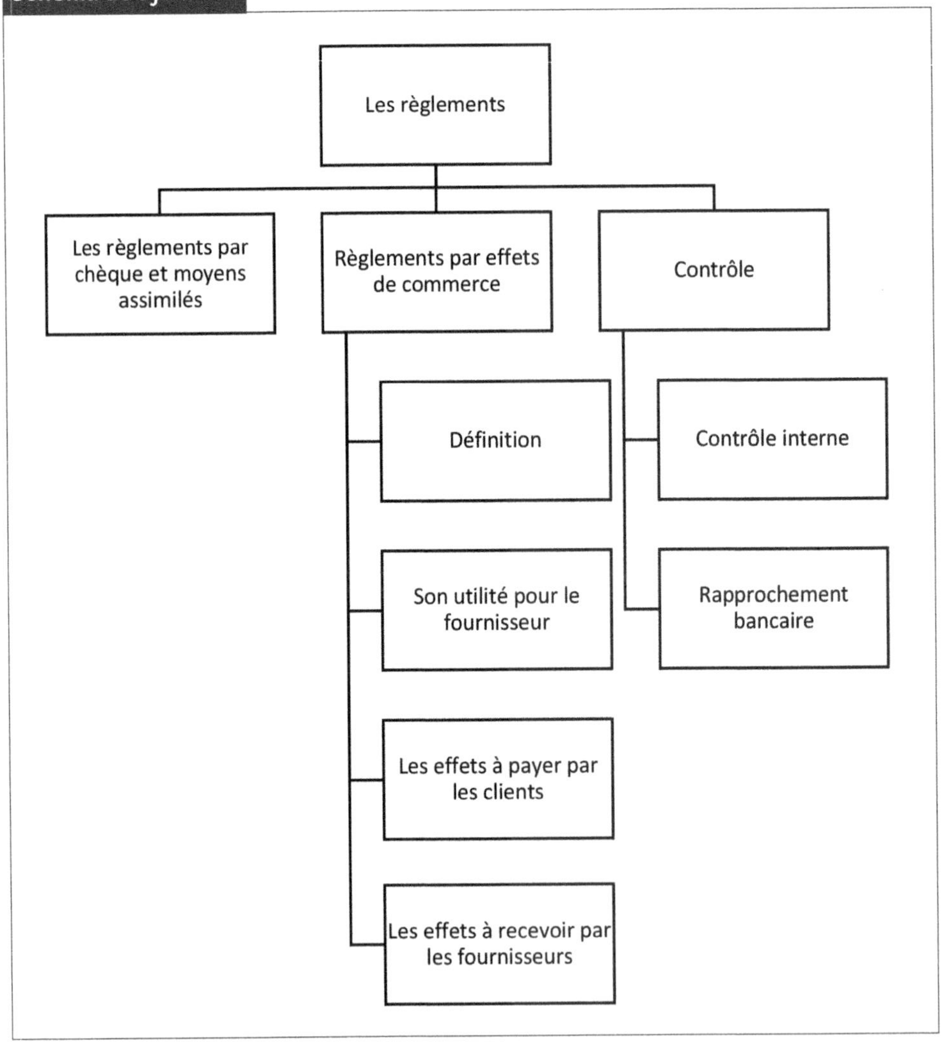

Les règlements peuvent s'effectuer à différents moments, selon les conditions fixées :

– avant la facturation, pour les acomptes, les avances ;

– en même temps que la facturation, lors des règlements au comptant ;

– après la facturation, lorsque des crédits sont accordés.

I. Les règlements par chèque et moyens assimilés

On débite un compte de trésorerie lors des entrées des fonds et on le crédite lors des sorties. Il y a deux cas :

- le fournisseur relève de la TVA sur les débits ou a opté pour ce régime : la TVA a déjà été déduite lors de la réception de la facture. On débite 401 et on crédite 512 ;
- le fournisseur relève de la TVA sur les encaissements : la TVA à déduire a été inscrite en compte d'attente lors de la réception de la facture. On débite 401 et on crédite 512 et il faut régulariser la TVA, on débite 44 566 et on crédite 44 564 ou 4 458.

Pour le règlement en espèce, on utilise le compte 530. Pour la carte bancaire c'est le compte 5 115.

N.B. : Attention dans la classe 6, les enregistrements commencent à partir du net commercial et il faut enregistrer l'escompte.

II. Règlements par effets de commerce

1. Définition

C'est un titre négociable qui donne à son détenteur un droit de créance. Il y a la lettre de change (traite) et le billet à ordre.

Le billet à ordre est établi par **le client**. C'est un document par lequel celui-ci s'engage à payer une certaine somme d'argent (sa dette) à une date déterminée (l'échéance) à un bénéficiaire (le fournisseur).

La lettre de change est établie par **le fournisseur**. C'est un document par lequel le fournisseur (le tireur) demande au client (le tiré) qui a accepté la lettre de change et fourni un RIB, de payer une certaine somme à une date déterminée (l'échéance) à un bénéficiaire (généralement le tireur).

2. Son utilité pour le fournisseur

Les effets de commerce sont des instruments de paiement, grâce notamment à la technique de l'endossement et ils permettent à une entreprise de faire face à d'éventuels problèmes de trésorerie durant le cycle d'exploitation. Leur remise à l'escompte permet d'obtenir de la banque le montant de la créance, sous déduction de frais, avant son échéance afin d'éviter un éventuel découvert bancaire.

N.B. : Il existe des LCR dites magnétiques qui permettent l'obtention d'un crédit bancaire au titre des concours bancaires courants. Le Code de commerce stipule que la lettre de change doit prendre la forme d'un support papier. La lettre magnétique étant dématérialisée, elle ne bénéficie pas des garanties du droit cambiaire.

3. Les effets à payer par les clients

Pour le client, l'effet de commerce constitue un moyen de crédit, dont le paiement est fixé à une date déterminée par l'échéance. Le fournisseur (401) devient fournisseur effet à payer (403).
À l'échéance, par l'intermédiaire de sa banque, le tiré paye l'effet et il ne supporte aucun frais. On débite le 403 et on crédite le 512.

4. Les effets à recevoir par les fournisseurs

Au moment de l'acceptation de l'effet par le client, le compte 411 devient 413 clients effet à recevoir.

Le fournisseur a **trois possibilités** :

- La remise à l'échéance : quelques jours avant l'échéance, le fournisseur remis à l'encaissement l'effet (5 113 effets à l'encaissement). Après le paiement, il reçoit un avis de crédit. Cet avis l'informe de l'encaissement, des montants retenus pour la commission et pour la TVA sur la commission. Le reste constitue la valeur nette versée.
- Remise à l'escompte : en cas de besoin de liquidité avant l'échéance, le fournisseur remis l'effet à sa banque. La banque verse les fonds et prélève une retenue appelée **agios**. On utilise le compte 5 114 effets à l'escompte. Un avis de crédit informe le bénéficiaire du versement des fonds.

Valeur nette = valeur nominale – agios
Les agios sont constitués de l'escompte (intérêts des fonds), une commission d'escompte (rémunération du service rendu) et la TVA sur commission au taux normal.
L'endossement : se servir d'une traite acceptée par un client pour régler un fournisseur. On débite le 403 et on crédite le 401.

Exemple

Le 20/11 Vente de marchandise pour 3 000 € TTC, le 26/11 envoi de l'effet au client, le 4/12 retour de l'effet accepté par le client au 31/01. Le 28/12, remise à l'escompte. Le 3/01, réception de l'avis de crédit : escompte 60 €, commission 30 €, taux de TVA 20 %.

Travail à faire

➥ **Passez toutes les écritures**

Solution

		20/11		
411		Clients	3000	
	707	Vente de marchandises		2500
	44571	TVA Collectée		500
		26/11		
		Envoi de l'effet pas d'enregistrement		
		04/12		
413		Clients effets à recevoir	3000	
	411	Clients		3000
		28/12		
5114		Effets à l'escompte	3000	
	413	Clients effets à recevoir		3000
		03/01		
512		Banque	2904	
627		Services bancaires	30	
661		Charges d'intérêts	60	
44566		TVA déductible/ABS	6	
	5114	Effets à l'escompte		3000

III. Contrôle

1. Contrôle interne

Contrôle interne est l'ensemble des procédures mises en place par la direction afin de s'assurer de la fiabilité des enregistrements et des comptes annuels qui en découlent

Objectifs :
- Protection du patrimoine en évitant les erreurs et les fraudes
- Enregistrement régulier et sincère
- Amélioration des performances de l'entreprise

Il faut mettre en place un manuel des procédures qui définit les tâches, les responsabilités, les pouvoirs et décrit les procédures de transmission de l'information.

Pour la trésorerie :
- Séparation des tâches
- Autorisation préalable des paiements
- Documents justificatifs écrits
- Respect des échéances

2. Rapprochement bancaire

Le suivi du solde des comptes bancaires revêt une importance primordiale dans la gestion de la trésorerie.

En plus des décalages dans le temps entre les enregistrements comptables et leur prise en compte par la banque, certaines opérations (prélèvements automatiques, frais bancaires, etc.) n'apparaissent que sur le relevé bancaire. Il est donc indispensable de présenter un état de rapprochement bancaire permettant d'ajuster les soldes du compte : 512 : compte banque à l'entreprise et celui de relevé bancaire.

Le point de départ est constitué par les soldes réciproques des deux comptes

Après pointage, on inscrit dans le compte banque toutes les opérations omises chez nous et portées à la banque et tous les enregistrements effectués dans notre comptabilité et dont la banque n'a pas tenu compte.

Les soldes doivent être égaux. Il faut enregistrer les opérations omises chez nous.

Exemple

Vous disposez des extraits de relevé bancaire et de compte banque de l'entreprise en annexes

Travail à faire

- **1. faites l'état de rapprochement**
- **2. passez les écritures**

Annexes

512 Banque

Débit		Crédit	
Solde à nouveau	259 931,14	Chèque N° 237246	235,78
Versement espèce	11 520, 00	Chèque N° 237248	1 928,58
Bordereau de remise	21 716,10	Agio	64
Espèce	5 907,71	Chèque N° 237247	9 597,95
Bordereau encaissement chèque	14 647, 04	Chèque N° 237249	591,36
Bordereau de négociation	21 568,00	Solde débiteur	322 872,32
Total	335 289,99		335 289,99

Relevé de la caisse d'épargne

1/03	Solde à nouveau		
03/03	Chèque N° 237243	16640	276571,14
03/03	Bordereau de versement		
07/03	Remise de chèque		11520
10/03	Virement client	1075,20	21716,10
12/03	Bordereau de négociation		
17/03	Impayé MARTIN	3381,76	21504
22/03	Frais sur impayé	18,05	
24/03	Chèque N° 237246	235,78	
25/03	Chèque N° 237247	9597,95	
25/03	Chèque N° 237248	1928,58	
26/03	Remise d'espèces		
27/03	Commission	92,16	5907,71
	Solde créditeur	304249,47	
Total		337218,95	337218,95

Solution

1-Etat de rapprochement

	La banque chez nous		Nous chez la banque	
	Débit (+)	**Crédit (–)**	**Débit (–)**	**Crédit (+)**
Soldes	322872,32			304249,47
Virement		1075,20		
Impayé		3381,76		
Frais impayé		18,05		
Commission		92,16		
Chèque N° 237249 non présenté			591,36	
Remise de chèque				14647,04
Soldes		**318305,15**	**318305,15**	
Totaux	322872,32	322872,32	318896,51	318896,51

2-écritures

31/03				
401		Fournisseur	1075,2	
411		Client MARTIN (3381,76 + 18,05)	3399,81	
627		Services bancaires	76,8	
44566		TVA déductible/ABS	15,36	
	512	Banque		4567,17

N.B. : pour les écritures comptables, il faut s'occuper uniquement de la partie la banque chez nous.

Ce qu'il faut retenir

- La lettre de change est établie par **le fournisseur.** C'est un document par lequel le fournisseur (le tireur) demande au client (le tiré) qui a accepté la lettre de change et fourni un RIB, de payer une certaine somme à une date déterminée (l'échéance) à un bénéficiaire (généralement le tireur).
- **Schéma d'écritures**

  – Effet accepté et payé à l'échéance

Chez le client

		Date acceptation		
401		Fournisseurs		
	403	Fournisseurs : effet à payer		
		Acceptation de l'effet		
		Date paiement		
403		Fournisseurs : effet à payer		
	512	Banque		
		Règlement de l'effet		

Chez le fournisseur

		Date acceptation		
413		Clients : effet à recevoir		
	411	Clients		
		Acceptation de l'effet		
		Date de remise à l'encaissement		
5113		Effet à l'encaissement		
	413	Clients : effet à recevoir		
		Remise à l'encaissement		
		Date paiement		
512		Banque		
	5113	Effet à l'encaissement		
		Règlement de l'effet		

– Effet remis à l'escompte

- Chez le client : aucune écriture à passer

Chez le fournisseur

		Date de remise à l'escompte		
5114	413	Effet à l'escompte Clients : effet à recevoir *Remise à l'escompte*		
		Date paiement		
512 627 44566 6616	5114	Banque Service bancaire TVA déductible sur ABS Agios sur escompte Effet à l'escompte *Règlement de l'effet*		

- Pour les LCR magnétiques : le tireur communique les données bancaires à sa banque par télétransmission.
- La créance est maintenue au compte 411.
- Juridiquement l'opération n'est plus considérée comme un effet de commerce, elle est assimilée à un concours bancaire courant (CBC).
- En cas d'escompte, l'opération s'analyse comme l'octroi d'un CBC (compte 519) et lors de règlement, l'avoir en banque permettra de rembourser le CBC.
- L'intérêt de l'état de rapprochement
- Il permet :
  – de constater les décalages temporels entre le compte 512 et le relevé de compte,
  – de mettre en évidence leurs divergences, les erreurs,
  – de mettre à jour par, de nouvelles écritures comptables, le compte banque tenu par l'entreprise.

CAS AGSEF

Dossier 1 Effet de commerce

Mission

La société AGSEF a effectué les opérations suivantes.
3/09- La société AGSF accepte une lettre de change de 4 200 € de son fournisseur de marchandises JALOUX (échéance 30/09).

5/09- La lettre de change acceptée au 30/08 par son client ASSIM revient impayée. Frais de protêt
9,50 € HT plus TVA à 20 %. Valeur nominale 8 200 €, la traite avait été escomptée.
7/09- Achat de marchandises à JALOUX pour un montant brut HT de 8 000 €, remise 5 %.
8/09- ASSIM accepte la nouvelle lettre de change au 20/09. Valeur nominale: 8 200 €. ASSIM étant un bon client, la société ne lui impute aucun frais financier.
10/09- Remise à l'encaissement de la traite tirée sur ASSIM.
12/09- La société accepte une lettre de change à l'ordre de JALOUX en règlement de son achat du 7/09; échéance 15/11.
21/09- Reçu bordereau d'encaissement de l'effet d'ASSIM. La banque prend une commission de 45 €; TVA à 20 %.
2/10- Reçu avis de paiement de domiciliation de la banque 5 100 €.

Pour réaliser cette mission, vous devez:
1. Enregistrez au journal ces opérations. TVA au taux normal.

Dossier 2 État de rapprochement

Mission

Vous disposez des extraits de relevé bancaire et de compte banque de l'entreprise en document 1.
Pour réaliser cette mission, vous devez:
1. Faites l'état de rapprochement
2. Passez les écritures.

Document 1

Le 31 octobre, l'extrait de compte reçu de la banque par l'entreprise AGSEF

Caisse d'épargne A l'entreprise AGSEF Compte N° 045234567l0			
Dates	**Opérations**	**Débit**	**Crédit**
15/10	Solde à nouveau		806,4
18/10	Chèque N° 6410615	1 200	
20/10	Chèque N° 6410616	318,2	
21/10	Retour d'effet impayé sur client Morin	4 530	
23/10	Virement de Bouras		248,5
25/10	Chèque N° 6410617	3 427,3	
31/10	Intérêts débiteurs	39,1	
31/10	Solde débiteur		8 459,7
	Totaux	9 154,60	9 154,60

Le compte « 512 banque » tenu par l'entreprise AGSEF au 31 octobre :

512 Banque					
Dates	**Libellés**	**Débit**	**Crédit**	**Soldes**	
				Débiteurs	**Créditeurs**
15/10	Solde à nouveau				393,6
16/10	Chèque N° 6410616		318,2		711,8
17/10	Chèque N° 6410617		3 427,3		4 139,1
20/10	Chèque N° 6410618		1 825		5 964,1
25/10	Bordereau de remise d'effets à l'encaissement	12 710		6 745,9	
		12 710	5 570,5		

Solution

Dossier 1 : Effet de commerce

		03/09		
401		Fournisseur Jaloux	4200	
	403	Fournisseurs : effets à payer		4200
		05/09		
411		Client Assim	8200	
	512	Banque		8200
6275		Frais sur effets	9,5	
44566		TVA déductible sur ABS	1,9	
	512	Banque		11,4
		07/09		
607		Achat de marchandises	7600	
44566		TVA déductible sur ABS	1520	
	401	Fournisseur Jaloux		9120
		08/09		
413		Clients effets à recevoir	8200	
	411	Clients Assim		8200
		10/09		
5113		Effets à l'encaissement	8200	
	413	Clients effets à recevoir		8200
		12/09		
401		Fournisseur Jaloux	9120	
	403	Fournisseurs effets à payer		9120
		21/09		
512		Banque	8146	
627		Services bancaires	45	
44566		TVA déductible/ABS	9	
	5113	Effets à l'encaissement		8200
		02/10		
403		Fournisseurs effets à payer	5100	
	512	Banque		5100

Dossier 2 : État de rapprochement

1. État de rapprochement

La banque chez nous Compte 512		Opérations	Nous chez la banque Compte N°045 234 567 10	
Débit (+)	Crédit (–)		Débit (–)	Crédit (+)
6 745,9		Soldes	8 459,7	
	4 530	Retour impayé		
248,5		Virement Bouras		
		Chèque N° 6 456 618	1 825	
		Effets à l'encaissement		12 710
	39,10	Intérêts débiteurs		
	2 425,3	Soldes	**2 425,3**	
6 994,4	6 994,4		12 710	12 10

2. Écritures

		31/12		
411		Client MARTIN (3 381,76 + 18,05)	4 530	
661		Services bancaires	39,1	
	512	Banque		4 569,1
512		Banque	248,5	
	411	Client Bouras		248,5

Fiche 9

Les charges de personnel

Schéma de synthèse

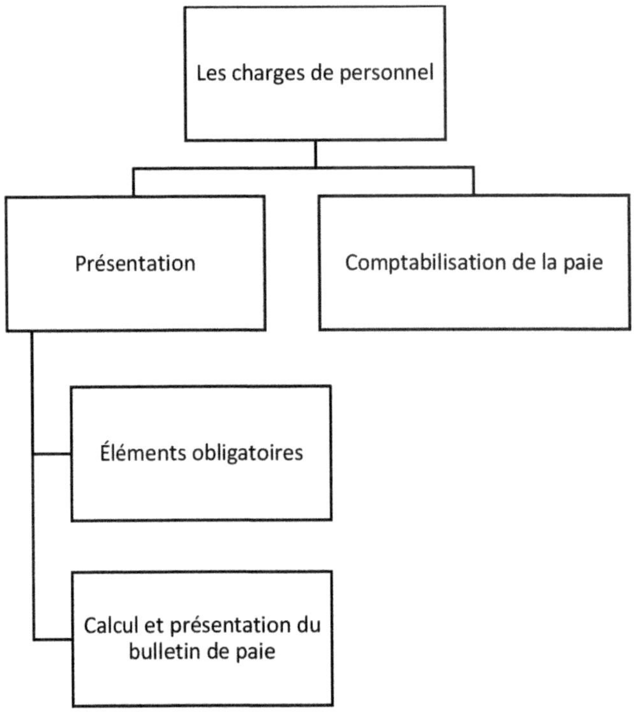

I. Présentation

Les charges de personnel représentent une part importante des charges d'exploitation. Elles comprennent les salaires bruts et les charges patronales. L'employeur doit remettre au salarié un bulletin de paie, verser l'ensemble des cotisations.
Le coût total pour l'employeur : salaire brut + charges patronales
Les cotisations sociales versées aux organismes : charges salariales + charges patronales
Le salaire net : salaire brut – charges salariales.

1. Éléments obligatoires

Le bulletin de paie doit comporter les éléments obligatoires suivants.

• Identification de l'employeur	Raison sociale, N° URSSAF, code APE, intitulé de la convention collective.
• Identification du salarié	État civil, emploi et classification, heures sup., primes.
• Éléments de calcul de la rémunération	Détails et total du salaire brut, retenues sociales sur salaire, salaire net à payer
• Autres mentions	Date de paiement, « conserver le bulletin sans limitation de durée »

2. Calcul et présentation du bulletin de paie

Le salaire résulte d'un accord entre l'employeur et le salarié, son montant minimum correspond au SMIC, ou au salaire minimum garanti par la convention collective ou par l'accord collectif de l'entreprise.

Le salaire brut comprend :
– Le salaire de base généralement mensualisé
(35 h × 52 semaines) / 12 mois = 151,67 h
– En l'absence de convention ou d'accord collectif d'entreprise, les heures de travail effectuées au-delà de la durée légale hebdomadaire (35 h) donnent lieu, pour **les salariés non cadre**, à une majoration du salaire horaire de base de :

Heures supplémentaires	
Entre 35 h et 43 h inclus	+ 25 %
Au-delà de 43 h	+ 50 %

– Les avantages en nature (voiture, logement) et les primes (ancienneté, assiduité, de rendement, etc.).

Les cotisations salariales sont prélevées et versées directement par l'employeur, c'est le système de précompte.
Les acomptes et avances sont des sommes versées avant la date normale de paiement du salaire. Les acomptes correspondent au travail déjà effectué alors que les avances sont des sommes versées par anticipation.
La saisie-arrêt sur salaire (ou opposition) permet à l'employeur de retenir une partie des rémunérations d'un salarié pour payer directement un créancier qui aura demandé une saisie-arrêt au tribunal.
Deux présentations du bulletin de paie sont admises : la présentation classique, et la présentation simplifiée.

Le bulletin de paie simplifié

Salaire de base + Prime d'ancienneté –/+ supplément familial	
= Salaire brut	
– Cotisations 22 %	
= Salaire net	
– Saisie-arrêt	
= Net à payer	

II. Comptabilisation de la paie

L'enregistrement se fait en trois temps :

1er temps : l'enregistrement des rémunérations et des retenues salariales

On débite le compte 641 charges de personnel pour la rémunération brute et on crédite les comptes de tiers (431, 437x et 421).

Exemple

Soit la rémunération brute totale 15 000 € et 4 100 € de retenues salariales (dont 3 000 € à l'URSSAF et le solde aux autres organismes). Passer les écritures.

Comptes débités	Comptes crédités	Intitulés	Sommes débit	Sommes crédit
641		Rémunération du personnel	15 000	
	421	Rémunérations dues		15 000
421		Rémunérations dues	4 100	
	431	Sécurité sociale		3 000
	437	Autres organismes sociaux		1 100

2e temps : l'enregistrement des charges sociales « employeur »

On enregistre les sommes dues au titre des cotisations « employeur ». On débite les comptes 633, 645 et on crédite les comptes 431 et 437.

Exemple

Les cotisations patronales sont de 5 600 € dont 3 600 € à l'URSSAF (3 000 € pour les cotisations sociales et 600 € pour le versement transport et la taxe prévoyance), et le reste pour les autres organismes sociaux. Passer les écritures.

Comptes débités	Comptes crédités	Intitulés	Sommes débit	Sommes crédit
645 633		Charges sécurité sociale et prévoyance ITVA sur rémunérations	5 000 600	
	431 437	Sécurité sociale Autres organismes sociaux		3 600 2 000

3e temps : l'enregistrement des paiements

Les comptes des tiers doivent être débités par les règlements.

Exemple

Enregistrez les dettes de l'exemple précédent.

Comptes débités	Comptes crédités	Intitulés	Sommes débit	Sommes crédit
421		Rémunérations dues	10 900	
	512	Banque		10 900
431		Sécurité sociale	6 600	
	512	Banque		6 600
437		Autres organismes sociaux	3 100	
	512	Banque		3 100

L'évolution de **la fiche de paie depuis 2019** tient surtout à la mise en place du **Prélèvement à la Source** à partir du 1er Janvier. La présentation de la fiche de paie est donc partiellement modifiée afin d'être en conformité avec la législation en vigueur et en application de cette nouvelle mesure.

1. Conformément à la législation en vigueur le « **SALAIRE NET AVANT IMPÔT SUR LE REVENU** est mis en gras et en majuscules afin de facilement le différencier des autres lignes de la fiche de paie 2019 ;

2. Une ligne spécifique est dédiée au gain réalisé grâce à la suppression des cotisations chômage et maladie pour les salariés ;

3. Un bloc *« impôt sur le revenu »* est mis en place pour le Prélèvement à la Source ;

4. On y retrouve le *« taux d'imposition »* ;

5. Le montant de l'impôt sur le revenu est précisé.

6. L'impact de la réforme des régimes de retraite complémentaire Agirc-Arrco. La fusion de ces deux caisses s'accompagne d'une modification des taux de cotisations.

7. Dernière nouveauté, la défiscalisation des heures supplémentaires. Celles-ci bénéficient désormais d'une réduction de cotisations salariales, à hauteur des cotisations retraite, la CSG et la CRDS restant dues. Et elles sont aussi exonérées d'impôt sur le revenu, dans la limite de 5 000 euros de revenus par an.

Ce qu'il faut retenir

- Le coût total pour l'employeur : salaire brut + charges patronales
- Les cotisations sociales versées aux organismes :
- Charges salariales + charges patronales
- Le salaire net : salaire brut – charges salariales.
- Pour les écritures comptables il y a trois temps
- **1er temps : l'enregistrement des rémunérations et des retenues salariales**

Comptes débités	Comptes crédités	Intitulés	Sommes débit	Sommes crédit
641		Rémunération du personnel		
	421	Rémunérations dues		
421		Rémunérations dues		
	431	Sécurité sociale		
	437	Autres organismes sociaux		

- **2e temps : l'enregistrement des charges sociales « employeur »**

Comptes débités	Comptes crédités	Intitulés	Sommes débit	Sommes crédit
645		Charges sécurité sociale et prévoyance		
633		ITVA sur rémunérations		
	431	Sécurité sociale		
	437	Autres organismes sociaux		

- **3e temps : l'enregistrement des paiements**

Comptes débités	Comptes crédités	Intitulés	Sommes débit	Sommes crédit
421		Rémunérations dues		
	512	Banque		
431		Sécurité sociale		
	512	Banque		
437		Autres organismes sociaux		
	512	Banque		

CAS LAGACHE

Dossier 1

Mission

La synthèse de la paie de mois de mars de la société LAGACHE est présentée dans le tableau suivant.

Salaire brut	270 400
Cotisation sécurité sociale	32 000
Retraite complémentaire	7 900
Chômage Apec	13 500
Total retenues	53 400
Transport	2 704
Acompte	5 000
Net à payer	214 704

Pour réaliser cette mission, vous devez :

1. Enregistrez les écritures de salaire et des charges sociales

Dossier 2

Mission

La société a donné les renseignements suivants :

* Salaire brut total : 252 000 €
* Retenues salariales

URSSAF : 23 400 €

Chômage Apec : 2 600 €

Retraite complémentaire : 3 704 €

Retraite cadre : 1 872 €

Prime de transport : 680 €

Acomptes : 20 000 €

Opposition : 6 500 €

* Net à payer : à déterminer
* Déclarations sociales

URSSAF : 103 450

ASSEDIC : 13 576

Retraite complémentaire : 7 890

Retraite cadre : 5 318

Pour réaliser cette mission, vous devez :

1. Enregistrez les écritures de salaires et des charges sociales

Solution

Dossier 1

		31/03		
641 624		Rémunération du personnel Transport du personnel	270 400 2 704	
	421	Rémunérations dues		273 104
421		Rémunérations dues	53 400	
	431 4 371 4 372	Sécurité sociale Retraite complémentaire Chômage Apec *Retenues salariales*		32 000 7 900 13 500
421	425	Rémunérations dues Personnel avances et acomptes	5 000	5 000
421	512	Rémunérations dues Banque	214 704	214 704

Dossier 2

641 624		Rémunération du personnel Transport du personnel	252 000 680	
	421	Rémunérations dues		252 680
421	431 4 371 4 372 4 373	Rémunérations dues Sécurité sociale Retraite complémentaire Chômage Apec Retraite cadre *Retenues salariales*	31 576	23 400 3 704 2 600 1 872
421	425 427	Rémunérations dues Personnel avances et acomptes Personnel opposition	26 500	20 000 6 500
645	431 4 371 4 372 4 373	Charges de sécurité sociale et de prévoyance Sécurité sociale (103 450 – 23 400) Retraite complémentaire Chômage Apec Retraite cadre	98 658	80 050 4 186 10 976 3 446
421	512	Rémunérations dues Banque	221 104	221 104

Travaux d'inventaire

Rôle et intérêt de l'inventaire

Tout au long de l'année, l'enregistrement se fait à partir d'un document légal (facture, bulletin de paie, etc.) or un certain nombre d'éléments de l'actif peuvent avoir changé de valeur à la fin de l'exercice sans passer par un document légal.

Pour déterminer le résultat et construire les documents de synthèse, il faut, à la fin de l'exercice, recenser tous les biens de l'entreprise et en évaluer la valeur réelle, constater les dépréciations, prévoir les risques probables et rattacher les charges et les produits aux exercices concernés.

L'inventaire est une obligation légale. C'est une opération de recensement.

Il faut ramener les achats aux consommations (achats + variation de stocks) et les ventes à la production (vente + variation de stocks).

Principes comptables liés à ces opérations d'inventaire

Ces opérations d'inventaire se justifient par l'objectif de présenter une image fidèle du patrimoine. Plus précisément, ces opérations sont enregistrées en respectant :

- le principe de prudence : en règle générale, il ne sera pas tenu compte des gains qui ne sont pas certains ; par contre, les pertes probables devront être comptabilisées. Ces pertes probables peuvent se traduire par des dépréciations.
- le principe d'indépendance des exercices : il faut rattacher à l'exercice les charges et les produits le concernant. Notamment l'amortissement constate la consommation des avantages économiques.

Fiche 10

Stocks, créances et dettes

Schéma de synthèse

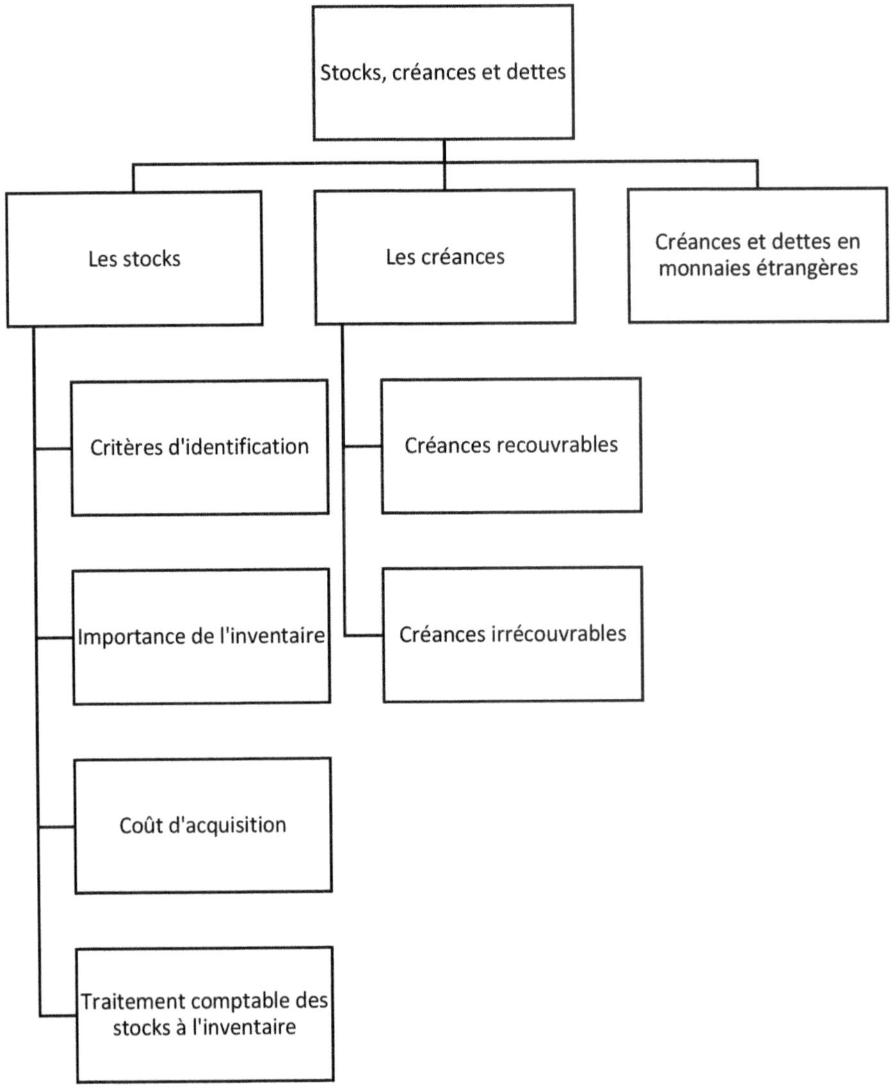

I. Les stocks

L'inventaire des stocks a pour objectif :
- Déterminer les dépréciations éventuelles en comparant la valeur d'entrée et la valeur d'inventaire des biens stockés.
- Comptabiliser les variations des stocks

1. Critères d'identification

Les stocks sont destinés à la vente ou à la consommation à bref délai alors que les immobilisations servent de façon durable.
L'intérêt de la distinction est que les stocks ne peuvent pas être amortis mais peuvent faire l'objet d'une dépréciation.

Sont considérés comme des stocks les biens dont l'entreprise est propriétaire, par conséquent :
- Les emballages non immobilisés consignés à des clients sont inclus dans les stocks d'emballage de l'entreprise
- Les emballages à rendre appartenant à des fournisseurs et en dépôt dans l'entreprise ne figurent pas dans les stocks.

2. Importance de l'inventaire

L'inventaire physique consiste à établir la liste complète des éléments des stocks. Pour chaque élément on indique la référence et la quantité.
Le soin apporté à l'inventaire des stocks est essentiel pour assurer la fiabilité du résultat annuel.

Exemple

Soit le bilan suivant

Actif immobilisé	17000	Capital	30000
Stocks et en cours	30000	Résultat	1000
Créances	2000	Dettes	21000
Disponibilités	1000		
Total	50000		50000

Travail à faire :

➥ **Recalculez le résultat avec une variation supérieure de 10 % dans le montant de stocks.**

Solution

Le bilan devient.

Actif immobilisé	17000	Capital	30000
Stocks et en cours	33000	Résultat	2000
Créances	2000	Dettes	21000
Disponibilités	1000		
Total	53000		53000

Cet exemple montre l'importance de l'évaluation de stocks et surtout son incidence sur le résultat.

3. Coût d'acquisition

Le coût des stocks doit comprendre tous les coûts d'acquisition, de transformation et autres coûts encourus pour amener le stock à l'endroit et dans l'état où ils se trouvent.
Les pertes et gaspillage sont exclus des coûts.
Les coûts d'emprunt peuvent être inclus dans le coût des stocks lorsqu'il s'agit d'un stock « éligible » (un actif est dit éligible lorsqu'il exige une longue période de préparation ou de construction avant son acquisition).
Le coût de stockage, administratif et frais de commercialisation sont exclus.

4. Traitement comptable des stocks à l'inventaire

A. Dépréciations des stocks

L'inventaire des stocks a pour objectif :

- Déterminer les dépréciations éventuelles en comparant la valeur d'entrée et la valeur d'inventaire des biens stockés.
- Comptabiliser les variations des stocks

L'inventaire physique consiste à établir la liste complète des éléments des stocks. Pour chaque élément on indique la référence et la quantité.
Le soin apporté à l'inventaire des stocks est essentiel pour assurer la fiabilité du résultat annuel.
Pour les stocks initiaux de marchandises et d'approvisionnement, on débite le compte 603 et on crédite un compte de stocks 31, 32 et 37.
Pour les produits et en cours, on débite 713 et on crédite un compte de stocks 35.
Pour le stock final, c'est l'inverse.
À l'inventaire, on annule le stock initial et on crédite le stock final.

Un déstockage augmente les charges et diminue les produits, le résultat diminue et par là même l'impôt. Pratique des soldes à l'inventaire afin de déstocker au maximum.

Exemple

L'état des stocks est le suivant.

	31/12/N			31/12/N+1		
	Brut	**Dépréciations**	**Net**	**Brut**	**Dépréciations**	**Net**
31 Matières premières	10000	3000	7000	8000	2000	6000
35 Produits finis	20000	4000	16000	32000	7000	25000

Passez les écritures au 31/12/N+1

Solution

Écritures

31/12/N+1				
681		DAP d'exploitation	9000	
	391	Dépréciation stock mat. premières		2000
	395	Dépréciation stock marchandises *Dépréciation du Stock final*		7000

31/12/N+1				
391		Dépréciation stock mat. premières	3000	
395		Dépréciation stock marchandises	4000	
	781	RAP d'exploitation *Annulation de reprise sur Stock initial*		7000

B. Variation des stocks

D'après le principe de séparation des exercices : seules les charges engagées pour obtenir les produits de l'exercice sont rattachées au résultat de l'exercice.

Coût des biens vendus ou consommés = Achats + SI – SF

SI : Biens restant en stock au 01 /01/N

SF : Biens non vendus ou non consommés au 31/12/N

Pour les stocks initiaux de marchandises et d'approvisionnement, on débite le compte 603 et on crédite un compte de stocks 31, 32 et 37.

Pour les produits et en cours, on débite 713 et on crédite un compte de stocks 35. Pour le stock final, c'est l'inverse.

À l'inventaire, on annule le stock initial (virement des S.I aux comptes variation des stocks correspondants) et on crédite le stock final (ouverture des comptes S.F).

Obligation légale de périodicité d'un inventaire physique : tout commerçant doit contrôler, au moins une fois tous les 12 mois l'existence et la valeur des éléments du patrimoine de l'entreprise.
Il y a deux modes d'inventaire : inventaire permanent et inventaire intermittent.

Caractéristiques de deux modes d'inventaires applicables en comptabilité financière :
- Inventaire permanent permet de suivre la valeur du stock durant tout l'exercice à chaque entrée et chaque sortie, le stock est mouvementé en valeur.
- Inventaire intermittent c'est la méthode dans laquelle la valeur du stock n'est comptabilisée qu'à la clôture de l'exercice.

II. Les créances

Il faut distinguer les créances pour lesquelles subsistent des chances de recouvrement même partiel et celles définitivement irrécouvrables.

1. Créances recouvrables

Si la valeur actuelle est inférieure à la valeur d'entrée (valeur nominale), il faut constater une dépréciation égale à la différence entre la valeur d'entrée et la valeur actuelle. Le montant de la dépréciation est calculé sur le montant HT et doit être égal à la perte probable.
On débite le compte 681 et on crédite le compte : 491 ou 496 débiteurs divers.
Pour constater les créances douteuses, le PCG prescrit de transférer le montant total TTC de la créance dans le compte 416 : clients douteux

Exemple

Au 31/12/N, on a :

Clients	Créances TTC	Perte probable
LY	1440	20 %
Gautier	1800	50 %
Total	3240	

Le 5/04/N+1, le client LY a réglé 70 % de sa dette (perte probable 10 %) par contre, Gautier a déposé le bilan (perte 100 %) et une nouvelle créance douteuse est apparue sur Papot : montant TTC 1 200 et perte probable 30 %

Travail à faire :

- **1. Calculez les dépréciations des années N et N+1**
- **2. Passez les écritures**

Solution :

1- Dépréciations

LY, créance HT. 1 200, dépréciation : 240

Gautier, créance HT. 1 500, dépréciation : 750

Dépréciations existantes au 31/12/N : 990

Dépréciations N+1 : 36 + 1 500 + 300 = 1 836

Il y a une dotation complémentaire de : 1 836 – 990 = 846

		31/12/N		
416		Clients douteux	3240	
	411	Clients *Créances douteuses d'après l'inventaire*		3240
681		DAP- exploitation	990	
	491	Dépréciations clients		990

Chaque année, à la clôture de l'exercice, on réexamine l'état des créances douteuses et on effectue un ajustement des dépréciations.

		05/04/N+1		
512		Banque	1008	
	416	Clients douteux *Règlement partiel de LY*		1008
		31/12/N+1		
416		Clients douteux	1200	
	411	Clients Papot *Créances douteuses d'après l'inventaire*		1200
681		DAP- exploitation	846	
	491	Dépréciations clients *Ajustement de la dépréciation*		846

2. Créances irrécouvrables

Lorsque la perte est certaine, on vire le montant HT de la créance ou le solde au débit du compte 654 : pertes sur créances irrécouvrables et à l'inventaire, on annule la dépréciation.

Suite de l'exemple :

La liquidation judiciaire de Gautier est prononcée par le tribunal le 05/02

Travail à faire

→ **Passez l'écriture**

Écritures

05/02/N+2				
654		Pertes sur créances irrécouvrables	1500	
44571		TVA Collectée	300	
	416	Clients douteux		1800

La dépréciation devient sans objet, elle sera ajustée à la clôture de l'exercice N+2, en même temps que les dépréciations sur les autres clients.

Remarque

Si le client fait faillite, on ne passe ni dépréciation, ni client douteux, on utilise directement le compte 654.

III. Créances et dettes en monnaies étrangères.

Le coût d'entrée estimé en monnaie étrangère est converti en monnaie nationale au cours du jour de l'opération.

Les créances et les dettes en monnaies étrangères sont converties en monnaie nationale sur la base du cours de change au jour du contrat.

À l'inventaire, s'il y a une perte latente ou un gain latent il faut l'enregistrer.

Le 01/01, contre passation des différences de conversion

Lorsqu'il y a une baisse du cours des créances ou hausse du cours des dettes, il y a une perte latente. Il faut enregistrer 467 : écarts de conversion actif et 1 515 : provision pour perte de change.

Dans le cas contraire, il y a un gain latent. Il faut enregistrer 477 : écarts de conversion passif.

Au moment de règlement, les pertes ou gains étant certains, on utilise les comptes 666 : pertes de change ou 766 : gains de change pour les opérations financières et les comptes 656 et 756 pour les autres.

Exemple

Le 3 décembre vente de marchandises à un client américain pour une valeur de 11 000 dollars, à échéance le 11 janvier N+1.

Le cours de dollar :

Le 3/12/N : 1,1 $/€

Le 31/12/N : 1,25 $/€

Le 11/01/N+1 : le montant de la créance est 10 400 €

Travail à faire

➥ **Passez toutes les écritures**

Solution

Valeur historique : 11 000 /1,1 = 10 000

Valeur d'inventaire : 11 000 /1,25 = 8 800

Variation : 11 000 – 8 800 = 2 200, c'est un écart actif car il y a une baisse de la créance client.

		03/12/N		
41103		Client US	10 000	
	701	Ventes de produits finis		10 000
		31/12/N		
476		Différence de conversion actif	2 200	
	41103	Client US		2 200
		Perte latente		
6815		Dotations aux provisions d'exploitation	2 200	
	1515	Provisions perte de change		2 200
		01/01/N+1		
41103		Client US	2 200	
	476	Différence de conversion actif		2 200
		Contrepassation		
		11/01/N+1		
512		Banque	10 400	
	756	Gains de change sur créances commerciales		400
	41103	Client Us		10 000
		Paiement client américain		
		31/12/N+1		
1515		Provisions perte de change	2 200	
	7815	Reprises sur provisions d'exploitation		2 200
		Pour solde		

Ce qu'il faut retenir

- Dépréciations des stocks
- On compare la valeur d'entrée de chaque article à sa valeur actuelle.
- Si VA ≥ VE, aucune écriture.
- Si VA < VE, il y a une dépréciation d'une valeur de VE – VA
- On débite le compte 681 et on crédite 39 (1 : matières premières, 5 : produits finis, 7 : marchandises)
- Il faut constater les dépréciations sur le stock final et annuler celles sur le stock initial. À l'inventaire, création du stock final et annulation du stock initial.
- Créances recouvrables
- Si la valeur actuelle est inférieure à la valeur d'entrée (valeur nominale), il faut constater une dépréciation égale à la différence entre la valeur d'entrée et la valeur actuelle.
- Le montant de la dépréciation est calculé sur le montant HT et doit être égal à la perte probable.
- On débite le compte 681 et on crédite le compte : 491 ou 496 débiteurs divers.
- Pour constater les créances douteuses, le PCG prescrit de transférer le montant total TTC de la créance dans le compte 416 : clients douteux
- Créances irrécouvrables
- Lorsque la perte est certaine, on vire le montant HT de la créance ou le solde au débit du compte 654 : pertes sur créances irrécouvrables et à l'inventaire, on annule la dépréciation.
- Créances et dettes en monnaies étrangères. À l'inventaire en fonction de l'évolution de taux de change soit on a :
- Un gain latent, il faut utiliser le compte 477 : différences de conversion-passif
- Une Perte latente, il faut utiliser 476 : différences de conversion-actif et le compte 1515 : Provision pour perte de change
- Au moment de règlement, les pertes ou gains étant certains, on utilise les comptes 666 : pertes de change ou 766 : gains de change pour les opérations financières et les comptes 656 et 756 pour les autres.

CAS DIKHAL

Dossier 1 stocks

Mission

On vous communique l'état des stocks dans le tableau suivant.

	État des stocks au 01/01	État des stocks au 31/12
Matières premières A	10 000	15 200
Matières premières B	9 200	7 600
Fournitures de bureau	3 250	1 980
Emballages perdus	3 000	3 000
Produits en cours	17 890	24 340
Produits finis	56 710	48 760

Pour réaliser cette mission, vous devez :

1. Passez toutes les écritures d'inventaire relatives à ces stocks.

Dossier 2 créances douteuses

Mission

Au 31/12/N, la balance avant inventaire de la société CG fait apparaître les soldes suivants :

Clients douteux	18 700
Dépréciation des comptes clients	8 550

L'état des créances est donné dans le tableau suivant.

Nom	Valeur de la créance TTC	Dépréciation	Règlement effectués	Renseignements à la fin N
RAVY	60 000	18 000	36 000	À solder
THOUIR	120 000	40 000	72 000	On pense récupérer 20 %
SALAH	90 000	12 000	58 800	À porter à 60 %
Total	270 000	70 000	170 000	

L'année N, deux nouveaux clients ont des difficultés.
PETIT qui nous doit 12 000 € TTC est sur le point de déposer le bilan, on pense pouvoir récupérer 45 % de la créance ;
GRAND nous doit 6 900 € TTC, il est totalement insolvable.

Pour réaliser cette mission, vous devez :

1. Calculez la dépréciation nécessaire au 31/12/N
2. Enregistrez les écritures nécessaires

Dossier 3 créances et dettes en monnaies étrangères

Mission

Le 02/11, l'entreprise CG a commandé au fournisseur Croate Dragic des marchandises pour 74 600 Kunas.
Le 15/11, elle reçoit la marchandise
Le 22/12, elle reçoit la facture pour un montant de 74 600 Kunas HT
Le 28/02, règlement de la facture.

Document 1 : La conversion euro / kuna est la suivante :

Date	Cours
02/11	7,48
15/11	7,46
15/12	7,45
22/12	7,44
31/12	7,47
28/02	7,45

Pour réaliser cette mission à l'aide de document 1, vous devez :

1. Passez toutes les écritures

Solution

Dossier 1 : stocks

1. **Passez toutes les écritures d'inventaire relatives à ces stocks.**

		31/12		
603		Variation des stocks	25450	
	311	Stock mat. Première A		10000
	312	Stock mat. Première B		9200
	322	Stock fournitures de bureau		3250
	326	Stock emballages *Annulation stock initial*		300
311		Stock mat. Première A	15200	
312		Stock mat. Première B	7600	
322		Stock fournitures de bureau	1980	
326		Stock emballages	3000	
	603	Variation des stocks Création stock final		27780
71		Production stockée	74600	
	331	Produits en cours		17890
	335	Stock produits finis *Annulation stocks début de période*		56710
331		Produits en cours	24340	
335		Stock produits finis	48760	
	71	Production stockée *Création stock fin de période*		73100

Dossier 2 : créances douteuses

1. **Calculez la dépréciation nécessaire au 31/12/N**

Client	Créance TTC	Créance HT	Pourcentage probable de perte	Dépréciation
THOUIR	48000	40000	80 %	32000
SALAH	31200	26000	60 %	15600
PETIT	12000	10000	55 %	5500
Total	91200	76000		53100

2. Enregistrez les écritures nécessaires

31/12				
4916		Dépréciation clients douteux	18000	
	781	RAP des dépréciations		18000
		Pour solde de la dépréciation RAVY		
654		Pertes sur créances irrécouvrables	20000	
44571		TVA collectée	4000	
	416	Clients douteux		24000
		Solde client RAVY		
654		Pertes sur créances irrécouvrables	6300	
44571		TVA collectée	1260	
	416	Clients douteux		7560
		Créance BORGES irrécouvrable		
4916		Dépréciation clients douteux	8000	
	781	RAP des dépréciations		8000
		Pour ajuster la dépréciation THOUIR		
6817		DAP aux dépréciations	3600	
	4916	Dépréciation clients douteux		3600
		Pour ajuster la dépréciation SALAH		

Clients douteux de l'année N

31/12				
416		Clients douteux	12000	
	411	Client PETIT		12000
6817		DAP aux dépréciations	5500	
	4916	Dépréciation clients douteux		5500
		Dépréciation PETIT		
654		Pertes sur créances irrécouvrables	20000	
44571		TVA collectée	4000	
	416	Clients douteux		24000
		Solde client RAVY		
654		Pertes sur créances irrécouvrables	5750	
44571		TVA collectée	1150	
	411	Client GRAND		6900
		Pour solde de compte GRAND		

Dossier 3 : créances et dettes en monnaies étrangères

Il s'agit d'une opération à l'intérieur de l'Union européenne entre deux assujettis. Il s'agit d'une acquisition intracommunautaire, c'est une opération imposable en matière de TVA. La TVA est exigible le 15 du mois suivant celui de la livraison, sauf si la facture est délivrée avant cette date, dans ce cas la TVA est exigible à la date de la facture.

L'opération du 02/11 est une simple commande, il n'y a ni marchandise ni facture. Par conséquent, il n'a pas d'écriture comptable.

L'opération du 15/11, il y a la marchandise mais pas la facture, en matière de TVA, il y a le fait générateur mais pas l'exigibilité. Il faut passer par un compte d'attente et après, il faut régulariser la TVA. Dans notre cas le 15/12 parce que la date est la facture est postérieure à cette date (22/12).

		15/11		
607		Achats marchandises	10 000	
44586		TVA sur facture non parvenue	2 000	
	408	Fournisseur facture non parvenue (74 600/7,46 = 10 000)		10 000
	44528	TVA due intracommunautaire (FNP)		2 000
		15/12		
445662		TVA déductible intracommunautaire	2 002,68	
	4452	TVA due intracommunautaire (74 600/7,45) × 20 %		2 002,68
44528		TVA due intracommunautaire (FNP)	2 000	
	44586	TVA sur facture non parvenue		2 000
		22/12		
607		Achats de marchandises	10 026, 88	
	4012	Fournisseurs Dragic (74 600 / 7,44) *Réception de la facture*		10 026,88
408		Fournisseurs, factures non parvenues	10 000	
	607	Achats de marchandises *Annulation de l'écriture du 15/11*		10 000
		31/12/N		
401		Fournisseurs	40,27	
	477	Différence de conversion-Passif (10 026,88 – 74 600 / 7,47)		40,27

		01/01/N+1		
477		Différence de conversion-Passif	40,27	
	401	Fournisseurs		40,27
		28/02/N+1		
4012		Fournisseurs Dragic	10 026,88	
	512	Banque		10 013,42
	756	Gains de change (74 600/7,45)		13,46

Fiche 11

Ajustement des charges et des produits

Schéma de synthèse

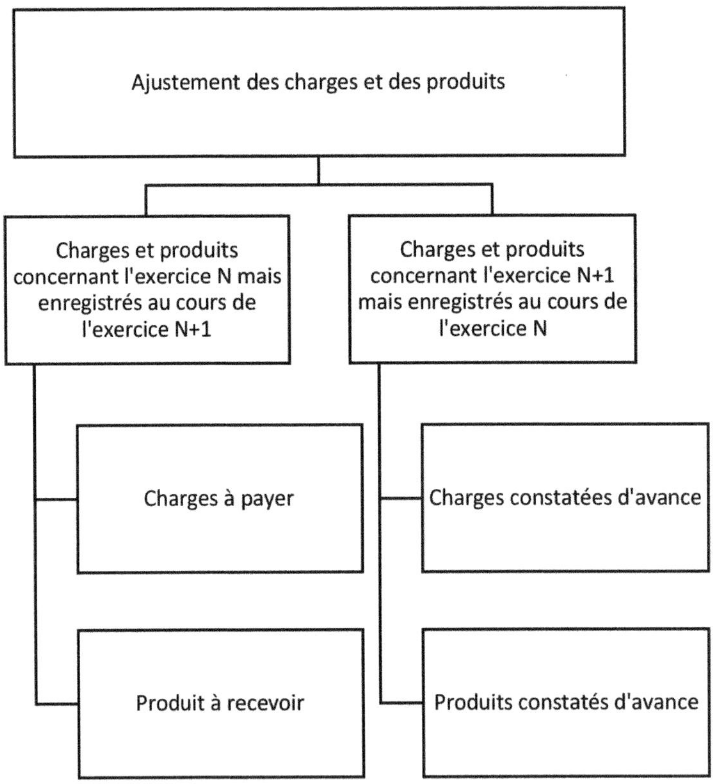

Seuls les produits acquis au cours de l'exercice et les charges engagées pour obtenir ces mêmes produits, soient rattachés au résultat de l'exercice.

Ce rattachement est indépendant des dates d'encaissement et de paiement. On peut avoir un décalage entre la date de rattachement d'une opération et la date de l'enregistrement comptable.

À la clôture ce décalage doit être neutralisé par un ajustement des comptes de produits et des charges ou *cut-off*.

I. Charges et produits concernant l'exercice N mais enregistrés au cours de l'exercice N+1

1. Charges à payer

La charge n'a pas été enregistrée, mais elle concerne l'exercice N. Au 31/12, on débite un compte de charge et on crédite un compte de la classe 4 le plus souvent. (la classe1 autres emprunts pour les intérêts courus 1 688 ou la classe 5 pour la banque). Concernant la TVA, on utilise un compte de régularisation 44 586 : TVA sur factures non parvenues, la TVA sera déductible à la réception de la pièce comptable, en N+1. Les écritures doivent être contre-passées à l'ouverture de l'exercice suivant

La régularisation à la clôture et la contre-passation ont pour effet :
– d'ajouter la charge à payer aux charges de l'année N
– de l'annuler dans les comptes de N+1

Exemple

> La société CGO a reçu le 2 décembre une livraison de marchandises pour 2 000 € HT. La facture ne parviendra que le 19/01/N+1
> Un fournisseur nous accorde 1 % de ristourne sur les achats de l'année : 15 000 € HT
> La société a contracté un emprunt de 20 000 € le 01/07/N au taux de 5 % 1re échéance le 01/07/N+1.

Travail à faire :

➥ **1. Passez toutes les écritures à la clôture de l'exercice**

➥ **2. Passez les écritures de l'année N+1 concernant la marchandise**

Solution

		31/12		
607 44586	 408	Achat de marchandises TVA sur factures non parvenues Fournisseurs factures non parvenues *Marchandises reçues en décembre*	2000 400	 2400
4098	 609 44586	RRR à Obtenir RRR Obtenus TVA sur factures non parvenues	180	 150 30
		02/01		
661	 1688	Charges d'intérêt Intérêts courus non échus (20 000 × 5 % × 6/12)	500	 500
		02/01		
408	 607 44586	Fournisseurs factures non parvenues Achat de marchandises TVA sur factures non parvenues	2400	 2000 400
		19/01		
607 44566	 401	Achat de marchandises TVA déductible sur ABS Fournisseurs	2000 400	 2400

2. Produit à recevoir

Le produit n'a pas été enregistré, bien qu'il concerne l'exercice N. (la pièce comptable n'a pas encore été émise)
On crédite un compte de produit, on débite un compte de créance particulier, si la TVA est exigible : 44 571 sinon 44 587 TVA sur facture à établir.

Exemple

Le 25/12/N, la société CGO livre des marchandises à l'un de ses clients. La facture est émise le 04/01/N+1 pour 1 000 € HT
La société CGO a effectué une installation le 02/12/N, facture 1 000 € HT sera établie qu'en janvier N+1
Une ristourne de 250 € HT doit être accordée à un client le 28/12/N, une note sera adressée ultérieurement.

Travail à faire

➥ **Passez les écritures au 31/12/N**

Solution

		31/12		
4181		Clients factures à établir	1200	
	707	Ventes de marchandises		1000
	44571	TVA collectée		200
4181		Clients factures à établir	1200	
	706	Prestation de service		1000
	44587	TVA sur facture à établir		200
709		RRR accordées par l'entreprise	250	
44587		TVA sur facture à établir	50	
	4198	Clients, RRR à accorder		300

Même chose que les charges pour la contre-passation.

II. Charges et produits concernant l'exercice N+1, mais enregistrés au cours de l'exercice N

1. Charges constatées d'avance

Il faut annuler la partie de charge comptabilisée en N, mais qui intéresse l'exercice N+1. Par exemple prime d'assurance, abonnements payés d'avance. On débite le compte 486 charges constatées d'avance et on crédite le compte de charge approprié. La TVA a été déduite en N, la régularisation se fait pour le montant HT.

Exemple

La prime d'assurance 2 400 € du 01/06/N au 31/05/N+1

Les produits d'entretien achetés le 05/12/N pour 220 € H.T. Au 31/12/N, la valeur restante est de 180 € HT

Travail à faire

➥ **Passez les écritures au 31/12/N**

Solution

		31/12		
486		Charges constatées d'avance	**1000**	
	616	Prime d'assurance		**1000**
		(2400 × 5/12 = 1000)		
486		Charges constatées d'avance	**180**	
	6063	Prime d'assurance		**180**

2. Produits constatés d'avance

Il faut annuler une partie du produit comptabilisé en N, mais qui intéresse l'exercice N+1. Exemple : contrats de maintenance, loyers, on débite le compte de produit utilisé et on crédite le compte 487 produits constatés d'avance pour le montant HT (TVA collectée en N).

Exemple

Contrat de maintenance téléphonique d'un logiciel du 01/11/N au 30/10/N+1, montant 180 €

Travail à faire

➥ **Passez l'écriture au 31/12/N**

Solution

		31/12		
706		Prestations de service	150	
	487	Produits constatés d'avance (180 × 10/12 = 150)		150

Même chose contre-passation des écritures des charges et produits constatés d'avance à l'ouverture de l'exercice suivant.

Remarque : nécessité de détermination des achats nets et des ventes nettes à la clôture de l'exercice

Le compte de résultat doit faire figurer les achats nets et les ventes nettes de toute réduction commerciale. Or ces derniers ne sont potentiellement pas déterminés par le solde des comptes Achats (comptes 60/61/62) et Ventes (compte 70) dans la mesure où des réductions commerciales obtenues ou accordées sur factures d'avoir ont été enregistrées durant l'exercice et à l'inventaire dans des sous-comptes comportant le chiffre 9 en troisième position. Il apparaît alors nécessaire de solder ces sous-comptes pour les virer à leur compte principal d'Achats ou de Ventes.

Pour les achats de marchandises, on débite le compte 6 097 et on crédite le compte 607.

Pour les ventes de marchandises, on débite le compte 707 et on crédite le compte 7 097.

Ce qu'il faut retenir

- Charges à payer, au 31/12, on débite un compte de charge et on crédite un compte de la classe 4 le plus souvent. Concernant la TVA, on utilise un compte de régularisation 44 586 : TVA sur factures non parvenues, la TVA sera déductible à la réception de la pièce comptable, en N+1.
- Les écritures doivent être contre-passées à l'ouverture de l'exercice suivant
- La régularisation à la clôture et la contre-passation ont pour effet :
  – d'ajouter la charge à payer aux charges de l'année N
- de l'annuler dans les comptes de N+1
- Produit à recevoir, on crédite un compte de produit, on débite un compte de créance particulier, si la TVA est exigible : 44 571 sinon 44 587 TVA sur facture à établir.
- Charges constatées d'avance, il faut annuler la partie de charge comptabilisée en N, mais qui intéresse l'exercice N+1. On débite le compte 486 charges constatées d'avance et on crédite le compte de charge approprié. La TVA a été déduite en N, la régularisation se fait pour le montant HT.
- Produit constaté d'avance, il faut annuler une partie du produit comptabilisé en N, mais qui intéresse l'exercice N+1. On crédite le compte 487 produits constatés d'avance pour le montant HT (TVA collectée en N).

CAS LIMOUH

Dossier 1

Mission

Au 31/12/N, vous disposez des informations suivantes.

- Le loyer de décembre 3 000 € n'a pas encore été payé (non soumis à TVA).
- La consommation électrique de deux derniers mois a été évaluée à 900 €.
- Le 1er novembre, la prime annuelle d'assurance a été réglée, montant 4 200 €.
- Il reste pour 600 € de fournitures de bureau, la société ne tient pas de compte de stock.
- La société a reçu et enregistré une facture de son fournisseur REMY son montant 12 000 € TTC. La société a reçu que la moitié des marchandises, le reste sera livré fin janvier.
- La facture de téléphone de novembre et décembre peut être évaluée à 1 200 €.
- Notre locataire, nous a réglé le 1er décembre son loyer trimestriel 3 600 € concernant décembre, janvier et février.
- Le client VO nous ramène pour 2 400 € TTC de marchandises non conformes à sa commande. L'avoir sera établi en janvier. De plus nous lui accordons un rabais de 10 % sur le solde de sa facture qui s'élève à 12 000 € TTC.
- Le 20 décembre nous avons envoyé une facture de 6 000 € TTC à notre client DURANT mais nous livrons la marchandise en janvier.
- Le 23 décembre nous avons reçu des marchandises mais sans la facture correspondante. D'après le bon de commande le montant TTC est de 15 000 € mais nous bénéficions d'une remise de 3 %.
- Nous renvoyons des marchandises au fournisseur STAN pour 7 200 € et nous réclamons un rabais de 10 % sur le solde qui s'élèverait à 18 200 €. Le fournisseur accepte et nous enverra l'avoir en janvier.

Pour réaliser cette mission, vous devez :

1. Enregistrez au journal les régularisations nécessaires au 31/12/N

Dossier 2

Mission

Au 31/12/N, vous disposez des informations suivantes.

- Verbalement notre fournisseur DURANT nous a assuré qu'il nous consentait une ristourne de 2 % sur nos achats de 20 000 HT.
- Nous avons reçu des marchandises et enregistrer la facture début décembre avec un escompte de 2 %. Net à payer 15 000 TTC. Nous préférons payer plus tard et perdre l'avantage de l'escompte.
- Le loyer de décembre n'est pas encore payé 3 600 € TTC.
- Dans les charges d'exploitation nous avons enregistré 24 000 € TTC, ce montant doit être considéré comme un investissement.
- Ravalement de la façade pour 340 000 € HT, il est préférable d'étaler cette dépense sur 5 ans.
- 2 600 € ont été enregistrés dans le compte 671, ce montant concerne une perte de change.
- Nous avons demandé un emprunt de 50 000 € le 01/10/N au taux de 4 %. Les intérêts sont payés annuellement.
- Le 1er octobre nous allons recevoir les intérêts de notre prêt de 20 000 € au taux de 4,5 %.
- Le client LAGACHE nous ramène pour 3 600 € TTC de marchandises non conformes à sa commande. L'avoir sera établi en janvier. De plus nous lui accordons un rabais de 5 % sur le solde de sa facture qui s'élève à 9 600 € TTC.

Pour réaliser cette mission, vous devez :

1. Enregistrez au journal les régularisations nécessaires au 31/12/N

Solution

Dossier 1

31/12				
613	408	Location Fournisseurs factures non parvenues *Loyer décembre*	3000	3000
6061 44586	408	Fournitures non stockables : électricité TVA sur factures non parvenues Fournisseurs factures non parvenues *Électricité novembre-décembre*	900 180	1080
486	616	Charges constatées d'avance Assurances 4200 × 10/12	3500	3500
486	6064	Charges constatées d'avance Fournitures de bureau	600	600
486	607	Charges constatées d'avance Achat de marchandises (12000 / 1,2) / 2 *Facture Rémy*	5000	5000
626	408	Frais postaux et de télécommunications Fournisseurs factures non parvenues *Téléphone novembre-décembre*	1200	1200
752	487	Revenus d'immeuble non affecté à l'exploitation Produits constatés d'avance (3600 × 2/3 = 2400)	2400	2400
707 44587	4198	Vente de marchandises TVA sur facture à établir Client avoir à établir *Retour client VO*	2000 400	2400
709 44587	4198	RRR accordés TVA sur facture à établir RRR à accorder (12000 – 2400 = 9600) (9600 × 10 % = 960)	800 160	960
707	487	Vente de marchandises Produits constatés d'avance (6000 /1,2 = 5000)	5000	5000

31/12/N				
607 4486	 408	Achat de marchandises TVA sur factures non parvenues Fournisseurs factures non parvenues (15 000 × 0,97 = 14 550)	12 125 2 425	 14 550
4098	 607 44586	Charges constatées d'avance Achat de marchandises TVA sur factures non parvenues	7 200	 6 000 1 200
4098	 609 44586	Fournisseur avoir à obtenir RRR Obtenus TVA sur factures non parvenues (18 200 − 7 200 = 11 000) (11 000 × 10 % = 1 100)	1 100	 916,67 183,33

Dossier 2

31/12/N				
Pas d'écriture : règle de prudence				
765 44566	 401	Escompte obtenu Achat de marchandises TVA déductible sur ABS Fournisseurs (15 000 × 2 % = 300)	250 50	 300
613 44586	 408	Loyer TVA sur factures non parvenues Fournisseur factures non parvenues	3 000 600	 3 600
481	 791	Charges à répartir Transfert de charges d'exploitation	20 000	 20 000
481	 791	Charges à répartir Transfert de charges d'exploitation	340 000	 340 000
666	 671	Perte de change Charges exceptionnelles	2 600	 2 600
661	 1688	Charges d'intérêt Charges exceptionnelles (50 000 × 4 % × 90/360 = 500)	500	 500
2768	 7624	Intérêts courus Revenus des prêts (20 000 × 4,5 % × 3/12 = 225)	225	 225

707 4487	 4198	Vente de marchandises TVA sur facture à établir Fournisseurs factures non parvenues	3 000 600	 3 600
709 44587	 4198	RRR accordés TVA sur facture à établir RRR à accorder (9 600 − 3 600 = 6 000) 6 000 × 5 % = 300)	250 50	 300

Fiche 12

Amortissement et dépréciation des immobilisations

Schéma de synthèse

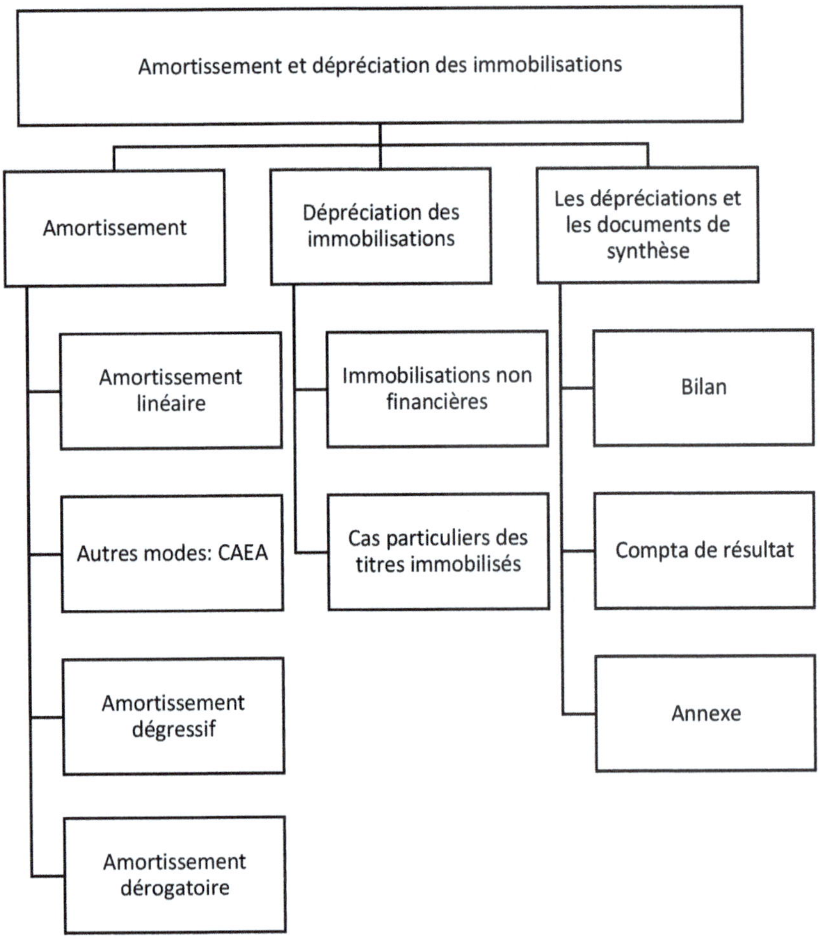

La diminution de la valeur d'un élément de l'actif constitue une charge calculée pour l'entreprise inscrite au débit du compte 68.
Le PCG distingue l'étalement programmé du coût initial d'une immobilisation (amortissement) et la perte de valeur non définitive (dépréciation).

I. Amortissement

Un actif amortissable est un actif dont l'utilisation par l'entité est déterminable c'est-à-dire limitée dans le temps pour des raisons physiques, techniques ou juridiques.
Le montant amortissable d'un actif est sa valeur d'entrée sous déduction de sa valeur résiduelle.
La valeur résiduelle est le montant (net des coûts de sortie) qu'une entité obtiendrait de la cession de l'actif à la fin de son utilisation. Elle est prise en compte pour la détermination du montant amortissable que lorsqu'elle est à la fois significative et mesurable.
Le N° de compte de l'amortissement est le N° de l'immobilisation avec un 8 en 2e position.
Les normes comptables et fiscales imposent d'établir un plan d'amortissement : c'est un tableau prévisionnel de réduction de la valeur comptable du bien.
Le mode d'amortissement doit permettre de traduire au mieux le rythme de consommation des avantages économiques attendus de l'actif par l'entité.
Le mode linéaire est appliqué à défaut de mieux adapté.

1. Amortissement linéaire

Il suppose que les avantages économiques générés par l'immobilisation soient uniformément répartis sur sa durée d'utilisation.
L'annuité d'amortissement est égale à la valeur d'origine multipliée par le taux, si la dotation est complète, sinon elle est égale à la valeur d'origine multipliée par le taux multipliée par *le prorata temporis.*
Le taux est l'inverse de la durée d'utilisation, le prorata est n/360 avec n le nombre de jour de la date de mise en service jusqu'à la fin de l'exercice comptable.
La valeur nette comptable est la valeur d'origine moins la somme des amortissements pratiqués.
N.B. : Pour le nombre de jours *de prorata temporis* on utilise soit le nombre de jours réels et l'année à 365 jours soit 12 mois de 30 jours et l'année à 360 jours.

Exemple

Une machine est achetée le 12/10/N–2 à 26 000 €, mise en service le 18/10/N–2. Sa durée de vie est estimée à 4 ans.

Travail à faire

➥ **1. Établir le tableau d'amortissement**

➥ **2. Passez les écritures au 31/12/N**

Solution

1- Tableau d'amortissement

Années	Base	Amortissements	VNC
N–2	26 000	1 300	24 700
N–1	26 000	6 500	18 200
N	26 000	6 500	11 700
N+1	26 000	6 500	5 200
N+2	26 000	5 200	0
Taux	25 %		
Prorata	72	Année	360

2- Écriture

31/12/N				
681		DAP d'exploitation	6 500	
	28 154	Amortissement Matériel industriel		6 500

2. Autres modes : CAEA (consommation des avantages économiques attendus)

L'amortissement est la consommation des avantages économiques attendus de l'actif. Le rythme de cette consommation est déterminé sur des bases les plus pertinentes possible : une durée d'utilisation ou une consommation d'unités d'œuvre.
Si plusieurs critères s'appliquent, il convient de retenir l'utilisation la plus courte résultant de l'application de ces critères.

Exemple

Le 1er juillet N, la société CGO a fait l'acquisition d'une machine d'occasion pour un prix de 40 000 € HT (valeur résiduelle nulle). Elle reçoit la facture N° 102
Pour la durée globale d'utilisation prévue, on hésite entre les deux estimations suivantes :

- une durée de 5 années
- une durée estimée à 30 000 heures.

À la clôture de N, en conformité avec les prévisions faites à l'origine, la machine a été utilisée pendant 3 600 heures.

Travail à faire

➥ **1. Quelles sont les modalités à retenir ?**

➥ **2. Calculez la dotation d'amortissement de l'année N**

➥ **3. Passez l'écriture au 31/12/N**

Solution

1- Les modalités

Le rythme de la consommation des avantages attendus de l'actif est déterminé sur les bases les plus pertinentes, soit la durée d'utilisation soit la consommation d'unités d'œuvre. Ici, on retient le nombre d'heures.

2- La dotation de l'année N

40 000 × (3 600/30 000) = 4 800

3- L'écriture

		31/12/N		
681		DAP d'exploitation	4 800	
	28154	Amortissement Matériel industriel		4 800
		Facture N° 102		

Remarques

1. Lorsqu'un actif est constitué des éléments indissociables, un plan d'amortissement unique est retenu pour l'ensemble de ces éléments. Cependant, lorsqu'une immobilisation est constituée d'éléments :

- devant être remplacés périodiquement,
- ayant des utilisations différentes ou procurant des avantages économiques à l'entreprise selon un rythme différent et nécessitant l'utilisation de taux ou de modes d'amortissement propres.

Chaque élément est comptabilisé séparément et doit avoir son propre plan d'amortissement.

2. Le plan d'amortissement peut être remis en cause par une modification importante de la durée d'utilisation prévue ou du rythme de consommation des avantages économiques. Le plan est révisé de manière prospective.

Exemple

Le 1er juillet N, la société CGO a fait l'acquisition d'une machine-outil dont les caractéristiques sont les suivantes :

- prix d'achat : 100 000 € HT
- durée d'utilisation probable : 10 ans

Cependant, cette machine est équipée d'un appareillage qui doit être changé tous les 5 ans. Sa valeur, incluse dans le prix total de la machine, est égale à 30 000 €. Le 01/07/N+5, changement de l'appareillage pour 35 000 € HT.

Travail à faire

- **1. Est-ce que les éléments de cette immobilisation sont dissociables ? Quelles sont les conséquences comptables ?**
- **2. Passez les écritures nécessaires au 1/07/N et au 31/12/N**
- **3. Enregistrez l'écriture du changement de l'appareillage**

Solution

1- Éléments dissociables de cette immobilisation : Conséquences comptables.

La machine et son appareillage sont dissociables puisque l'appareillage doit faire l'objet d'un remplacement à intervalles réguliers. Les deux éléments sont donc comptabilisés séparément dès l'origine et feront l'objet d'amortissement selon des modalités propres, soit sur 10 ans pour la machine et sur 5 ans pour l'appareillage.

2- Enregistrements comptables nécessaires le 1/07/N et au 31/12/N

		01/07/N		
21541		Matériel industriel (machine)	70000	
21542		Matériel industriel (appareillage)	30000	
44562		TVA déductible sur immobilisations	20000	
	404	Fournisseurs d'immobilisations		120000

Les dotations aux amortissements respectives seront les suivantes :

– machine : 70 000 × 10 % = 7 000 €

– appareillage : 30 000 × 20 % = 6 000 €

		31/12/N		
681		DAP immobilisations corporelles	13000	
	281541	Amortissement Matériel industriel (machine)		7000
	281542	Amortissement Matériel industriel (appareillage)		6000

3- Enregistrements comptables nécessaires le 1/07/N+5 lors du changement de l'appareillage

À cette date, l'appareillage a été totalement amorti. Il convient de :

– sortir l'appareillage initial de l'actif de cette entreprise

– comptabiliser l'acquisition de l'appareillage de remplacement

		31/12/N		
281542		Amortissement Matériel industriel (appareillage)	30000	
	21542	Matériel industriel (appareillage)		30000
21542		Matériel industriel (appareillage)	35000	
44562		TVA déductible sur immobilisations	7000	
	404	Fournisseurs d'immobilisations		42000

3. Amortissement dégressif

C'est un amortissement fiscal. Les annuités ne sont plus constantes mais dégressives. Il ne s'applique qu'à certaines catégories d'immobilisations : certains biens neufs d'une durée de vie supérieure ou égale à 3 ans.

Sont exclus :
- Les véhicules de tourisme et utilitaires d'une charge inférieure à 2 tonnes.
- Le mobilier
- Les bâtiments autres qu'industriels dont la durée de vie n'excède pas 15 ans ou hôteliers

L'annuité partielle est égale à la valeur d'origine multipliée par le taux dégressif multipliée par le *prorata temporis* (N/12 avec N : nombre de mois, c'est le mois d'acquisition et non de mise en service. Le mois compte en intégralité. Les autres annuités sont calculées sur la valeur nette comptable (VNC).
La durée d'amortissement est sa durée d'usage. Le taux dégressif est égal au taux linéaire multiplié par un coefficient qui varie en fonction de la durée de vie du bien et de sa date d'acquisition.

Durée de vie / Date d'acquisition	3 ou 4 ans	5 ou 6 ans	Plus de 6 ans
Du 01/02/97 au 31/12/00	1,5	2	2,5
Depuis le 01/01/01	1,25	1,75	2,25

Pour le plan d'amortissement, lorsque le taux linéaire sur la durée de vie restante devient supérieur au taux dégressif, on utilise le taux linéaire sur la durée restante et non plus le taux dégressif.
N.B. : On ne tient pas compte de la valeur résiduelle.

Exemple

Une machine acquise 40 000 € le 20/10/2000, mise en service le 03/11/2000 d'une durée de vie de 5 ans.

Travail à faire

➥ **Établir le plan d'amortissement**

Solution

Taux linéaire : $1/5 = 20\,\%$
Taux dégressif : $20\,\% \times 2 = 40\,\%$
1re annuité : $40\,000 \times 40\,\% \times 3/12 = 4\,000$

Année	Base	Amortissement	VNC
2000	40000	4000	36000
2001	36000	14400	21600
2002	21600	8640	12960
2003	12960	6480	6480
2004	6480	6480	0

4. Amortissements dérogatoires

Seuls les amortissements constatés en comptabilité sont déductibles du résultat fiscal. Les règles fiscales d'amortissement ne coïncident pas avec les règles du PCG, d'où l'utilisation de l'amortissement dérogatoire.

En plus, pour favoriser l'investissement, certains biens peuvent être amortis selon un régime encore plus intéressant que l'amortissement dégressif, c'est l'amortissement exceptionnel. Depuis le 1er janvier 2017, article 32 de la loi de finance, l'amortissement sur douze mois des logiciels est supprimé.

Le PCG distingue l'amortissement économique qui reflète la consommation des avantages économiques et l'amortissement dérogatoire qui représente la fraction de l'amortissement fiscal qui excède l'amortissement économique.

L'amortissement dérogatoire se calcule par différence entre l'amortissement fiscalement pratiqué et l'amortissement économiquement justifié (AEJ).

On enregistre l'annuité économiquement justifiée et la dotation ou la reprise d'amortissement dérogatoire, mais jamais l'annuité d'amortissement fiscalement déductible.

N.B. : Les logiciels crées sont assimilés à des dépenses de recherche qui peuvent être enregistrés soit en charges soit immobilisés. En cas d'immobilisation, l'amortissement exceptionnel ne s'applique pas.

Exemple

Un matériel est acquis pour 6 000 € le 15/11/N–1, l'amortissement économiquement justifié (AEJ) est linéaire sur 3 ans, l'amortissement fiscalement pratiqué (AFP) est l'amortissement exceptionnel sur 12 mois.

Travail à faire

- **1. Établir le tableau d'amortissement**
- **2. Passez les écritures au 31/12/N et 31/12/N+1**

Solution

1- tableau d'amortissement

$6\,000 \times 2/12 = 1\,000$

$6\,000 \times 10/12 = 5\,000$

$6\,000 \times 1/3 \times 1{,}5/12 = 250$

	Amortissement fiscalement pratiqué		AEJ		Amortissement dérogatoire	
Années	Base	Annuités	Base	Annuités	Dotations	Reprises
N–1	6000	1000	6000	250	750	
N	6000	5000	6000	2000	3000	
N+1			6000	2000		2000
N+2			6000	1750		1750
Totaux		6000		6000	3750	3750

2- écritures :

		31/12/N		
681		DAP immobilisations corporelles	2000	
	28154	Amortissement matériel		2000
687		DAP exceptionnelles	3000	
	145	Amortissements dérogatoires		3000
		31/12/N+1		
681		DAP immobilisations corporelles	2000	
	28154	Amortissement matériel		2000
145		Amortissements dérogatoires	2000	
	78725	RAP exceptionnelles		2000

II. Dépréciations des immobilisations

1. Immobilisations non financières

Un bien, même amortissable, doit, faire l'objet de la constatation d'une dépréciation si sa valeur actuelle est devenue inférieure à sa valeur nette comptable à l'inventaire. Cette dépréciation est déterminée à l'aide de tests de dépréciation qui peuvent prendre des formes diverses. Ces tests sont effectués s'il existe des indices de dépréciation. La dépréciation est une charge calculée, elle est inscrite au débit d'un compte de charges : 68 et la contrepartie c'est le compte de l'immobilisation avec un 9 en deuxième position.

A. Les indices de perte de valeur

Pour chaque actif, il faut considérer des indices externes (valeur de marché, changements importants, taux d'intérêt) et des indices internes (obsolescence, changement du mode d'utilisation, performances inférieures aux prévisions).
Si, pour un actif, l'un des indices se vérifie, il faut alors procéder à un test de dépréciation.

B. Le test de dépréciation

Il consiste à comparer la valeur comptable de l'actif (valeur nette comptable pour les immobilisations amortissables) à sa valeur actuelle. La valeur actuelle à retenir est la valeur vénale ou la valeur d'usage (la plus élevée des deux).
La valeur vénale est le montant qui pourrait être obtenu, à la date de clôture, de la vente de l'actif lors d'une transaction conclue à des conditions normales de marché, net des coûts de sortie.
La valeur d'usage est la valeur des avantages économiques futurs attendus de l'actif et de sa sortie. Ces avantages correspondent en général à la somme des flux nets de trésorerie générés par l'utilisation de l'actif.
Si la valeur actuelle devient inférieure à la valeur comptable, il faut comptabiliser une dépréciation.

Modalités pratiques
- si la valeur vénale > à la valeur comptable, alors il n'y a pas de dépréciation
- si la valeur vénale < à la valeur comptable, c'est la valeur la plus élevée entre la valeur vénale et la valeur d'usage qui est retenue pour être comparée à la valeur comptable
- si la valeur vénale ne peut être déterminée, c'est la valeur d'usage qui est retenue.
- La valeur nette comptable d'un actif correspond à sa valeur brute diminuée des amortissements cumulés et des dépréciations.
- La constatation ou la reprise de la dépréciation d'un actif amortissable modifie de manière prospective la base amortissable et donc le plan d'amortissement.

2. Cas particuliers des titres immobilisés

La dépréciation constate un appauvrissement probable et non certain de l'entreprise.

La dépréciation est évaluée par comparaison entre la valeur d'entrée (VE) et la valeur actuelle (ou d'inventaire : VI). La valeur d'entrée est le coût d'acquisition. La valeur d'inventaire est différente en fonction de la nature des titres :
- Titres de participation (261), c'est la valeur d'utilité ou d'usage ;
- Les TIAP (273, titres immobilisés de l'activité de portefeuille) c'est la valeur du marché

– Les autres c'est le cours du dernier mois pour les titres côtés et la valeur probable de réalisation pour les autres.

NB : À la clôture de chaque exercice la valeur actuelle des VMP est considérée comme égale, pour **les titres cotés** au **cours moyen du dernier mois** et pour les titres **non cotés** elle est estimée à la **valeur probable de négociation**.

Trois cas sont possibles

- Valeur d'entrée (VE) = Valeur d'inventaire (VI), ni plus-value ni moins-value, aucune écriture comptable
- VE < VI, plus-value probable, aucune écriture comptable
- VE > VI, moins-value probable, on constate une dépréciation dont la valeur est la différence entre VE et VI.

Les titres doivent être évalués catégorie par catégorie, toute compensation est interdite. La dépréciation est inscrite au crédit d'un compte d'immobilisation avec le chiffre 9 en 2e position (29). Elle se calcule sur le montant HT.

Lorsqu'une dépréciation a été créée, lors d'un inventaire, il faut toujours, à l'inventaire suivant, réexaminer la situation : on compare la VE avec la nouvelle VI :

- Si la dépréciation est insuffisante, elle est complétée par une nouvelle dotation
- Si la dépréciation est excessive, elle est réduite en pratiquant une reprise
- Si elle devient sans objet, il faut la reprendre.

Exemple

> Le 15/03/N, achat de 800 actions à 220 € pour exercer une influence sur la gestion de la société. Au 31/12/N, l'action est cotée en Bourse 205 €, est évaluée selon sa valeur d'utilité à 208 €.
> Au 31/12/N+1, l'action est évaluée à 203 €
> Au 31/12/N+2, l'action est évaluée à 212 €

Travail à faire

➥ **Passez les écritures du 15/03/N au 31/12/N+2**

Solution

		15/03/N		
261		Titres de participation	176 000	
	512	Banque		176 000
		31/12/N		
686		DAP financières	9 600	
	2961	Dépréciation titres de participation (176 000 – (800 × 208))		9 600
		31/12/N+1		
686		DAP financières	4 000	
	2961	Dépréciation titres de participation		4 000
		31/12/N+2		
2961		Dépréciation titres de participation	7 200	
	786	RAP financières		7 200

III. Les dépréciations et les documents de synthèse

Le principe d'image fidèle oblige l'entreprise à comptabiliser les amortissements et les dépréciations. Du fait du principe de prudence, les comptes annuels doivent les faire apparaître, pour informer et protéger les tiers (clients, fournisseurs, associés, etc.).

1. Bilan

L'actif est présenté en trois colonnes, l'extrait de notre exemple au 31/12/N

	Brut	Amortissements et dépréciations	Net
Titres de participation	176 000	9 600	166 400

2. Compte de résultat

Les dotations apparaissent en charges selon leur nature et les reprises en produits.

3. Annexe

L'annexe doit faire apparaître les méthodes utilisées. Les mouvements ayant affecté les immobilisations au cours de l'exercice ainsi que les amortissements et les dépréciations sont détaillés dans des tableaux.

Exemple : Tableau des immobilisations

	A	B	C	D
Situations et mouvements Rubriques	Valeur brute à l'ouverture de l'exercice	Augmentations	Diminutions	Valeur brute à la clôture de l'exercice
Immobilisations : incorporelles Corporelles Financières				
Totaux				

Ce qu'il faut retenir

- **Le mode d'amortissement** est la traduction au mieux de rythme de consommation des avantages économiques attendus de l'actif par l'entité.
- Il y a :
  – L'amortissement linéaire, étalement sur la durée de vie (durée d'usage) estimée. On tient compte de la valeur résiduelle si elle est mesurable et significative. L'amortissement commence à la date de mise en service et non à la date d'acquisition ;
  – L'amortissement dégressif, les annuités ne sont plus constantes mais dégressives. Il ne s'applique qu'à certaines catégories d'immobilisations : certains biens neufs d'une durée de vie supérieure ou égale à 3 ans. Le mois d'acquisition compte pour un mois complet quelque-soit la date. On ne tient pas compte de mois de cession. Lorsque le taux de l'amortissement comptable devient supérieur au taux d'amortissement dégressif sur le nombre d'années restantes, il faut basculer en linéaire.

- Le PCG distingue l'amortissement économique qui reflète la consommation des avantages économiques et l'amortissement dérogatoire qui représente la fraction de l'amortissement fiscal qui excède l'amortissement économique.

- L'amortissement dérogatoire se calcule par différence entre l'amortissement fiscalement pratiqué et l'amortissement économiquement justifié (AEJ).

	Aspect comptable	**Aspect fiscal**	**Conséquence**
Durée d'amortissement	Durée d'utilisation	Durée d'usage	Comptabilisation d'un amortissement dérogatoire
Valeur résiduelle	Prise en compte	Non prise en compte	Comptabilisation d'un amortissement dérogatoire
Mode d'amortissement	Le plus souvent linéaire	Dégressif ou exceptionnel	Comptabilisation d'un amortissement dérogatoire

- **La dépréciation** d'un actif est la constatation comptable que sa valeur actuelle est devenue inférieure à sa valeur nette comptable (PCG 322-1-4).
- Un test de dépréciation consiste en la comparaison de la valeur actuelle d'un actif avec sa valeur comptable afin de déterminer éventuellement une dépréciation. Il suit la détection d'un indice de perte de valeur.
- La valeur actuelle est le maximum de la valeur vénale et la valeur d'usage.
- Les indices peuvent être :
  - internes : obsolescence, modification des perspectives d'exploitation ;
  - externes : changement dans l'environnement économique, juridique, technologique, social.
- Il y a dépréciation si la valeur actuelle (maximum entre la valeur d'usage et la valeur vénale) est inférieure à la valeur nette comptable après amortissement mais avant dépréciation.
- La dépréciation est égale à la valeur nette comptable moins la valeur actuelle.

CAS HAFIRASSA

Dossier 1 amortissement et dépréciation

Mission

Une machine est acquise en septembre N.
Vous êtes chargé(e) du suivi de cette immobilisation.

Pour réaliser cette mission, à l'aide de document 1, vous devez :

1. Indiquez pour quels motifs comptables il convient de décomposer l'immobilisation.
2. Complétez le plan d'amortissement de la structure de la presse sur l'annexe A.
3. Enregistrez l'acquisition de cette machine.
4. Comptabilisez au 31 décembre N les dotations aux amortissements.

Renseignements complémentaires

Cette machine est composée d'une structure principale et d'un composant constitué de la lame de découpe.
La mise en service de la machine a lieu le 1er octobre N.
Les frais d'installation et de transport sont rattachés en totalité à la structure principale.
La durée d'utilisation de cette structure, identique à la durée d'usage fiscale, est de 5 ans.
Sa valeur résiduelle est nulle.
Le coefficient dégressif fonction de la durée fiscale est de 1,75.
La lame de découpe est un composant qui sera remplacé tous les 2 ans.

Document 1 : Facture

SA INES			Facture n :	00210-2768
Rue de Rennes			Date :	01/09/N
53000 LAVAL				
			SA LAGACHE	
TVA UE :	FR08363565412		BP 21	
			69100 Villeurbanne	
Reçu le 03/09/N				
Désignation		Q	Prix	Montant
Machine réf. MTX-100		1	178 000,00	178 000,00
(dont Lame de découpe réf. LX 28 : 20 000 €)				
Installation par nos soins				1 200,00
Frais de transport				800,00
Codification : N° Composants : - 1 : structure - 2 : lame			Total HT	180 000,00
			TVA 20 %	36 000,00
			Net TTC à payer	**216 000,00**
Échéance : fin septembre N				

Annexe A à compléter

PLAN D'AMORTISSEMENT DÉROGATOIRE DE LA MACHINE (structure)							
Valeur d'entrée :		Amortissement fiscal : dégressif			Amortissement économique : linéaire		
Valeur résiduelle :							
Base amortissable :		Taux linéaire :			Taux linéaire :		
Date d'achat		Coefficient :			Prorata 1re année : (sur 360 jours)		
Mise en service		Taux dégressif :					
Durée de vie		Prorata 1re année :					
(en années entières)							
Exercice	**Amortissement fiscal**			**Amortissement économique**		**Amortissement dérogatoire**	
Année	**VNC**	**1/dur. rest.**	**Dotation**	**VNC**	**Dotation**	**Dotation**	**Reprise**
N							

Dossier 2 dépréciation et amortissement machine

Mission

L'entreprise fait l'acquisition d'une machine le 01/01/N à 120 000 € HT ; amortissement linéaire sur 5 ans. Le 31/12/N+2, on constate une dépréciation de cette machine égale à 25 % de sa valeur d'origine.

Pour réaliser cette mission, vous devez :

1. Définir la de la valeur vénale, valeur d'usage et de test de dépréciation.
2. Quelles sont les conditions préalables à la réalisation d'une dépréciation.
3. Présentez le plan d'amortissement révisé au 31/12/N+2.
4. Enregistrez les écritures nécessaires au 31/12/N, 31/12/N+1 et 31/12/N+2

Dossier 3 dépréciation titres

Mission

La société vous communique l'état de son portefeuille-titres de participation

Titres	Nb au 01/01/N	Cours d'achat	Nb au 31/12/N–1	Cours Fin N–1	Cours Fin N
A	20	300	20	250	280
B	50	240	50	245	260
C	70	100	40	150	90

Pour réaliser cette mission, vous devez :

1. Calculez la dépréciation de l'année N–1 et N
2. Passez les écritures d'inventaire

Solution

Dossier 1 : amortissement dérogatoire

1. Motifs comptables

Chaque élément doit :

– avoir un rythme d'utilisation différent ;

– avoir une valeur significative.

Dans cette situation, toute entreprise a l'obligation de procéder à la décomposition du bien.

2. Base amortissable de la machine (structure)

Valeur d'acquisition de l'ensemble	178 000
Lame de découpe HT	– 20 000
Frais d'installation	+ 1 200
Frais de transport	+ 800
Total HT	160 000

Annexe A

PLAN D'AMORTISSEMENT DÉROGATOIRE DE LA MACHINE (structure)							
Valeur d'entrée :	160 000	Amortissement fiscal : dégressif		Amortissement économique : linéaire			
Valeur résiduelle :							
Base amortissable :	160 000	Taux linéaire :	20 %	Taux linéaire :			20 %
Date d'achat	01/09/N	Coefficient :	1,75	Prorata 1re année : (sur 360 jours)			90
Mise en service	01/10/N	Taux dégressif :	35 %				
Durée de vie (en années entières)	5	Prorata 1re année :	4/12				
Exercice	**Amortissement fiscal**			**Amortissement économique**		**Amortissement dérogatoire**	
Année	**VNC**	**1/dur. rest.**	**Dotation**	**VNC**	**Dotation**	**Dotation**	**Reprise**
N	160 000	20 %	18 666,67	160 000	8 000	10 666,67	
N+1	141 333,33	25 %	49 466,67	152 00	32 000	17 466,67	
N+2	91 866,66	33,33 %	32 153,33	120 000	32 000	153,33	
N+3	59 713,33	50 %	29 856,66	88 000	32 000		2 143,34
N+4	29 856,67	100 %	29 856,67	56 000	32 000		2 143,33
N+5				24 000	24 000		24 000
Total			160 000	0	160 000	28 286,67	28 286,67

Lorsque le taux dégressif devient inférieur au taux linéaire, il faut utiliser le taux linéaire.

3. & 4. Écritures

		03/09/N		
21541		Matériel industriel (structure)	160000	
21542		Matériel industriel (composant)	20000	
44562		TVA déductible sur immobilisations	36000	
	404	Fournisseurs d'immobilisations		216000
		31/12/N		
681		DAP immobilisations corporelles	10500	
	281541	Amort. Matériel industriel (structure)		8000
	281542	Amort. Matériel industriel (composant)		2500
68725		DAP exceptionnelles	10666,67	
	145	Amortissements dérogatoires		10666,67

Dossier 2 : dépréciation et amortissement machine

1. Définition de la valeur vénale, valeur d'usage et test de dépréciation

La valeur vénale est le montant qui pourrait être obtenu, à la date de clôture, de la vente de l'actif lors d'une transaction conclue à des conditions normales de marché, net des coûts de sortie.

La valeur d'usage est la valeur des avantages économiques futurs attendus de l'actif et de sa sortie. Ces avantages correspondent en général à la somme des flux nets de trésorerie générés par l'utilisation de l'actif.

Un test de dépréciation est la comparaison de la valeur actuelle d'un actif avec sa valeur comptable afin de déterminer éventuellement une dépréciation.

2. Les conditions préalables

Un test de dépréciation suit la détection d'un indice de perte de valeur (événement survenu au titre de l'exercice qui fait penser que l'actif a perdu de sa valeur et qu'il s'est donc déprécié).

Les indices peuvent être :

- internes : obsolescence, modification des perspectives d'exploitation ;
- externes : changement dans l'environnement économique, juridique, technologique, social…

Il y a dépréciation si la valeur actuelle (maximum entre la valeur d'usage et la valeur vénale) est inférieure à la valeur nette comptable après amortissement mais avant dépréciation.

3. Plan d'amortissement

Années	Base amortissable	Amortissement	Dépréciation	Valeur Nette
N	120000	24000 **(1)**		96000
N+1	120000	24000		72000
N+2	120000	24000	30000 **(2)**	18000 **(3)**
N+3	18000	9000 **(4)**		9000
N+4	18000	9000		

(1) : 120 000 × 0,2 = 24 000

(2) : 120 000 × 25 % = 30 000

(3) : 72 000 – 24 000 – 30 000 = 18 000.

(4) : 18 000/2 = 9 000, il reste 2 annuités d'amortissement.

4. Écritures d'inventaire

		31/12/N		
681		DAP immobilisations corporelles	24 000	
	28154	Amortissement Matériel industriel		24 000
		31/12/N+1		
681		DAP immobilisations corporelles	24 000	
	28154	Amortissement Matériel industriel		24 000
		31/12/N+2		
6811		DAP immobilisations corporelles	24 000	
6816			30 000	
	28154	Amortissement Matériel industriel		24 000
	29154	Dépréciation Matériel industriel		30 000

Dossier 3 : dépréciation titres

1. Dépréciations

En N–1

Sur les titres A (300 – 250) × 20 = 1 000

Sur les titres B et C, il y a une plus-value latente.

En N

Sur les titres A (300 – 280) × 20 = 400

Sur les titres C (100 – 90) × 70 = 700

La dépréciation totale est de 400 + 700 + 1 100

Il faut une dotation complémentaire de 1 100 – 1 000 = 100

2. Écriture comptable

		31/12/N		
686		DAP financières	100	
	2961	Dépréciations des titres de participation		100

Les provisions

Fiche 13

Schéma de synthèse

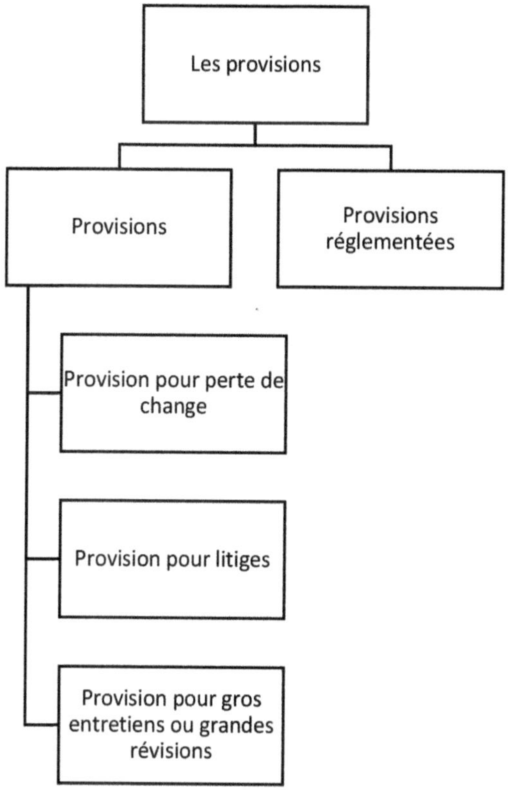

Une provision est une dette dont le paiement est certain ou probable mais dont le montant ou l'échéance ne sont pas fixés de façon précise.
On débite un compte de charge 68 et on crédite un compte des capitaux, par exemple le compte 1 515 provision pour perte de change.

À la clôture des exercices suivants :

– Si le montant de la dette est modifié, la provision est ajustée
– Si la dette est devenue certaine ou au contraire si tout risque a disparu, la provision est annulée.

I. Provisions

1. Provision pour perte de change

Les créances et les dettes en monnaies étrangères sont converties en monnaie nationale sur la base du cours de change au jour du contrat.
À l'inventaire, s'il y a une perte latente ou un gain latent il faut l'enregistrer.
Le 01/01, contre passation des différences de conversion
Au moment de règlement, les pertes ou gains étant certains, on utilise les comptes 666 : pertes de change ou 766 : gains de change pour les opérations financières et pour les autres les comptes 656 et 756.
En cas de perte latente, il faut constater une provision pour perte de change. On débite le compte 6 865 et on crédite le compte 1 515 et au même temps, il faut enregistrer une différence de conversion : actif (compte 476).
À l'inventaire, il faut réajuster la provision.
NB : Sur le plan fiscal, il faut réintégrer la différence de conversion : passif (477) car c'est un gain latent non inscrit dans un compte de produit.
Il faut déduire la différence de conversion : actif (476) et intégrer la provision pour perte de change.

2. Provision pour litiges

On débite le compte 6 875 et on crédite le 1 511

Exemple

> La société CGO est en procès avec une cliente qui demande 2 000 €. Le 21/11/N, l'avocat de la société estime que l'entreprise risque d'être condamnée à payer 30 % de la somme demandée.
> Le 26/09/N+1, le tribunal a condamné l'entreprise à verser 1 200 €.
> Le 10/10/N+1, l'entreprise verse cette somme.

Travail à faire

➥ **Passez toutes les écritures nécessaires**

Solution

		31/12/N		
6875		DAP exceptionnelles	**600**	
	1511	Provision pour litige		**600**
		10/10/N+1		
6718		Autres charges exceptionnelles sur opération de gestion	**1200**	
	512	Banque		**1200**
		Exécution du jugement du 26/09		
		31/12/N+1		
1511		Provision pour litige	**600**	
	7875	RAP exceptionnelles		**600**
		Litige définitivement réglé		

3. Provision pour gros entretiens ou grandes révisions

Ces dépenses peuvent être provisionnées, (on débite le compte 6 815 et on crédite le 1 572), ou bien elles sont considérées comme un composant de 2e catégorie. L'entreprise dispose d'une option.

On distingue les composants de 1re catégorie : éléments remplacés périodiquement et composants de 2e catégorie : ce sont les travaux périodiques d'entretien ou de révision sans remplacement d'un élément important.

II. Provisions réglementées

Sont comptabilisées en application d'une disposition légale, elles ne sont pas obligatoires, c'est pour profiter d'un avantage fiscal provisoire et non pour rendre compte d'un risque. On débite un compte 687 et on crédite un compte 14 comme 1 431 : Provision pour hausse des prix ou 1 424 : provision pour investissement, etc. Ces provisions doivent être rapportées aux bénéfices en débitant le 14 et en créditant le 787. Il y a aussi les amortissements dérogatoires.

Ce qu'il faut retenir

- Une provision est une dette dont le paiement est certain ou probable mais dont le montant ou l'échéance ne sont pas fixés de façon précise.
- Provision pour perte de change

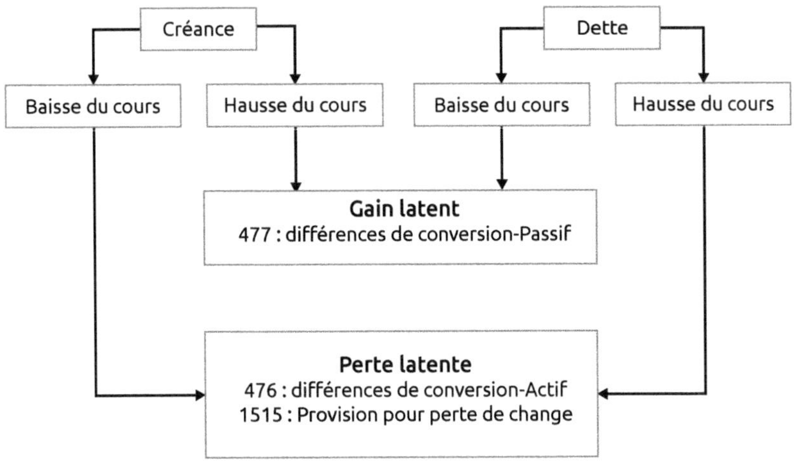

- Provision pour litige, on débite le compte 6875 et on crédite le 1511
- Provision pour gros entretiens ou grandes révisions
- Les dépenses de gros entretien ou des grandes révisions programmées sur plusieurs années peuvent :
  - soit être provisionnées (1572 : provisions pour gros entretien ou grandes révisions) ;
  - soit inscrites à l'actif en tant que composant de 2e catégorie

CAS DCG

Dossier 1 provision pour litige

Mission

Un litige entre la société DCG et son client CG. Sur les informations de son avocat la société DCG avait constitué en décembre N une provision de 6 800 €. Des nouvelles informations permettent de prévoir une aggravation, elle a porté la provision à 8 500 € au 31 décembre N+1.
Le 11 mars N+2, le jugement condamne la société DCG à verser 7 800 € en dommages et intérêts à son client CG.

Pour réaliser cette mission, vous devez :
1. Passez les écritures de décembre N et décembre N+1
2. Passez l'écriture de l'année N+2.
3. Quelle est l'incidence de ce jugement sur l'exercice N+2.

Dossier 2 provision pour risque de change

Mission

Le 02/11, l'entreprise CG a commandé au fournisseur Croate Dragic des marchandises pour 74 600 Kunas.
Le 15/11, elle reçoit la marchandise
Le 22/12, elle reçoit la facture pour un montant de 74 600 Kunas HT
Le 28/02, règlement de la facture. Document 1 : La conversion euro / kuna est la suivante :

Date	Cours
02/11	7,48
15/11	7,46
15/12	7,45
22/12	7,44
31/12	7,47
28/02	7,45

Pour réaliser cette mission, vous devez :
1. Passez toutes les écritures

Dossier 3 provisions

Mission

L'extrait de la balance avant l'inventaire de l'année N de la société DCG

151	Provisions pour risques	1 800 €
157	Provisions pour charges à répartir	7 500 €

La provision pour risque a été créée à la suite d'un litige avec un concurrent, l'entreprise DUT, le 31/12/N–1.
Le jugement a eu lieu et la société a été condamnée à verser des dommages et intérêts pour un montant de 1 500 € le 9/04/N
Le comptable a passé l'écriture suivante.

		09/04/N		
460		Entreprise DUT	1500	
	512	Banque *Chèque n° 312 règlement du litige*		1500

La provision pour charges à répartir sur plusieurs exercices a été créée en N–1 en prévision d'une grosse réparation prévue pour N+2.
La charge prévue doit s'élever à 30 000 € doit être imputée par tiers à N–1, N, N+1 et N+2.

Pour réaliser cette mission, vous devez :
1. Passez les écritures de la provision pour l'année N–1.
2. Régularisez ces provisions au 31/12/N.

Solution

Dossier 1 : provision pour litige

1. & 2- les écritures

31/12/N				
687		DAP exceptionnelles	6800	
	1511	Provisions pour litiges		6800
31/12/N+1				
687		DAP exceptionnelles	1700	
	1511	Provisions pour litiges		1700
11/03/N+2				
671		Charges exceptionnelles	7800	
	512	Banque		7800
31/12/N+2				
1511		Provisions pour litiges	8500	
	787	Reprise sur provisions exceptionnelles		8500

2. Incidence sur l'exercice N+2

Il y a un produit exceptionnel de 8 500 et une charge exceptionnelle de 7 800. Le résultat exceptionnel va augmenter de 8 500 – 7 800 = 700

Dossier 2 : provision pour perte de change

Il s'agit d'une opération à l'intérieur de l'Union européenne entre deux assujettis. Il s'agit d'une acquisition intracommunautaire, c'est une opération imposable en matière de TVA.

La TVA est exigible le 15 du mois suivant celui de la livraison, sauf si la facture est délivrée avant cette date, dans ce cas la TVA est exigible à la date de la facture.

L'opération du 02/11 est une simple commande, il n'y a ni marchandise ni facture. Par conséquent, il n'a pas d'écriture comptable.

L'opération du 15/11, il y a la marchandise mais pas la facture, en matière de TVA, il y a le fait générateur mais pas l'exigibilité. Il faut passer par un compte d'attente et après, il faut régulariser la TVA. Dans notre cas le 15/12 parce que la date est la facture est postérieure à cette date (22/12).

15/11				
607		Achats marchandises	10000	
44586		TVA sur facture non parvenue	2000	
	408	Fournisseur facture non parvenue (74600/7,46 = 10000)		10000
	44528	TVA due intracommunautaire (FNP)		2000
15/12				
445662		TVA déductible intracommunautaire	2002,68	
	4452	TVA due intracommunautaire (74600/7,45) × 20 %		2002,68
44528		TVA due intracommunautaire (FNP)	2000	
	44586	TVA sur facture non parvenue		2000

		22/12		
607		Achats de marchandises	10 026, 88	
	4 012	Fournisseurs Dragic (74 600 / 7,44) *Réception de la facture*		10 026,88
408		Fournisseurs, factures non parvenues	10 000	
	607	Achats de marchandises *Annulation de l'écriture du 15/11*		10 000
		31/12/N		
401		Fournisseurs	40,27	
	477	Différence de conversion-Passif (10 026,88 – 74 600 / 7,47)		40,27

		01/01/N+1		
477		Différence de conversion-Passif	40,27	
	401	Fournisseurs		40,27
		28/02/N+1		
4 012		Fournisseurs Dragic	10 026,88	
	512	Banque		10 013,42
	756	Gains de change (74 600/7,45)		13,46

Dossier 3 : provisions

1-Les écritures pour l'année N–1

		31/12/N–1		
687	1 511	DAP exceptionnelles Provisions pour litiges *Création de la provision pour litiges*	1 800	1 800
		31/12/N–1		
687	157	DAP exceptionnelles Provisions pour litiges *Création de la provision pour charges à répartir*	7 500	7 500
687	157	DAP exceptionnelles Provisions pour litiges *Imputation de la charge prévue pour ¼ à l'exercice N*	10 000	10 000

2-Régularisation au 31/12/N

		31/12/N		
671	460	Charges exceptionnelles Entreprise DUT *Enregistrement de la charge*	7 800	7 800
		31/12/N		
1 511	787	Provisions pour litiges Reprise sur provisions exceptionnelles *Annulation de la provision*	1 800	1 800

Sorties des immobilisations

Fiche 14

Schéma de synthèse

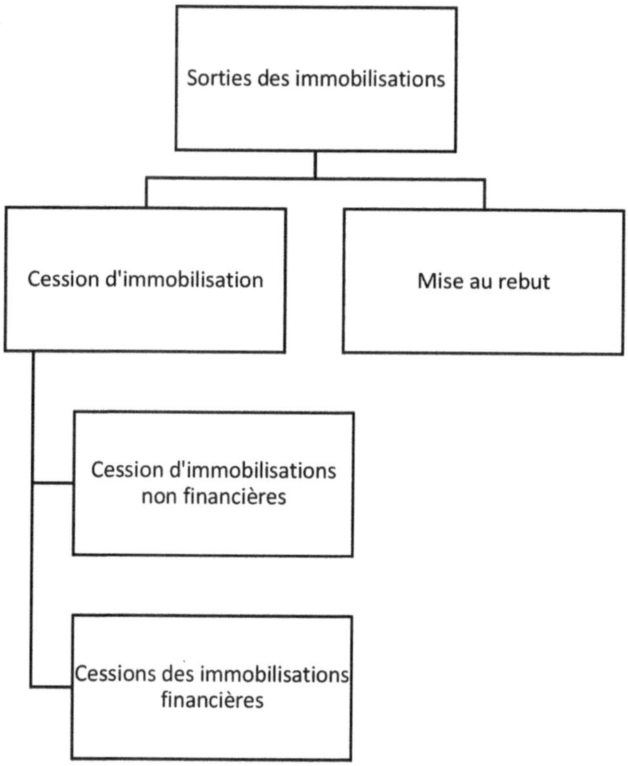

Lorsque l'entreprise décide de sortir l'immobilisation de son patrimoine (vente ou mise en rebut). Il faut constater en comptabilité le produit de la vente et la sortie du patrimoine.

I. Cession d'immobilisations

La vente d'une immobilisation est soumise à la TVA, sauf si la TVA n'a pas été déductible lors de l'achat.

Le prix de cession hors taxes constitue un produit exceptionnel : 775, produits des cessions d'éléments d'actif.

La créance sur l'acheteur est enregistrée dans le compte 462, créances sur cessions d'immobilisations.

1. Cession d'immobilisations non financières

A. Immobilisations amortissables

La valeur nette comptable (VNC) est égale à la valeur d'entrée moins la somme des amortissements effectués. Elle est enregistrée dans le compte 675 : Valeurs comptables des éléments d'actif cédés. Les amortissements ne sont comptabilisés qu'une fois par exercice à l'inventaire, il faut donc une dotation complémentaire jusqu'au jour de la cession en cas d'amortissement linéaire et à la fin du mois précèdent la cession pour l'amortissement dégressif.

La dépréciation sera reprise à la clôture de l'exercice. Elle n'intervient pas dans le résultat de cession.

Schéma d'écritures de cession

681		DAP d'exploitation		
	28	Amortissements *Dotation complémentaire*		
675		Valeurs comptables des éléments d'actifs cédés		
28		Amortissements		
	21	Immobilisations *Sortie de l'immobilisation*		Valeur d'entrée
512 Ou 462		Banque ou Créances sur cessions d'immobilisations		
	775	PEAC		Prix de cession
	44 571	TVA collectée		

Remarque

Si l'immobilisation a bénéficié d'un amortissement dérogatoire, un complément doit être doté ou repris et les amortissements qui n'ont pas encore été soldés doivent être repris.

B. Immobilisations non amortissables

La VNC est égale à la valeur d'entrée du bien.
Schéma d'écriture

675		Valeurs comptables des éléments d'actifs cédés	X	
	2	Immobilisations *Sortie du bien*		X
512 Ou 462		Banque ou Créances sur cessions d'immobilisations	X	
	775	Produits des cessions EAC		X
	44571	TVA Collectée		X

La dépréciation, devenue sans objet par suite de la cession, fera l'objet d'une reprise à la clôture de l'exercice de cession et pas à la date de la cession.

		31/12		
29		Dépréciations		X
	78	Reprises	X	

2. Cession des immobilisations financières

A. itres de participation, Titres immobilisés de l'activité de portefeuille (TIAP) et les autres titres immobilisés

a. Détermination de la valeur d'inventaire

Les titres de participation, cotés ou non, sont évalués à leur **valeur d'utilité (ou d'usage)** : ce que l'entité accepterait de décaisser pour obtenir cette participation. C'est la valeur d'usage qui est fonction de l'utilité que la participation présente pour l'entreprise.
Dans l'estimation de la valeur d'utilité rentrent :
La rentabilité actuelle et les perspectives de rentabilité, les capitaux propres, les perspectives de gains, la conjoncture économique, le cours de Bourse pour les sociétés cotées ainsi que les motifs qui ont poussé à l'acquisition des titres.
Les TIAP sont évalués à leur **valeur de marché** : coût de revient, cours de Bourse, valeur de rendement.
Les autres c'est le cours du dernier mois pour les titres côtés et la valeur probable de négociation pour les non côtés.

b. Détermination de la valeur au bilan

À l'inventaire, il convient de comparer élément par élément la valeur à l'entrée dans le patrimoine et la valeur à l'inventaire.
Les plus-values potentielles ne sont pas comptabilisées par contre les moins-values potentielles sont obligatoirement enregistrées par le biais d'une dépréciation (principe de prudence). La dépréciation est à reprendre lorsqu'elle devient sans objet.

Les cessions, des titres de participation (261) et les titres immobilisés (27) ne sont pas soumises à la TVA.
Lors de la cession, le coût d'entrée de la fraction cédée est estimé soit au CUMP soit au PEPS.
Les frais de vente doivent être comptabilisés dans le compte 6 271 : frais sur titres.

Exemple : Titres de participation

Le 15/03/N, achat de 800 actions à 220 € pour exercer une influence sur la gestion de la société. Au 31/12/N, l'action est cotée en Bourse 205 €, est évaluée selon sa valeur d'utilité à 208 €.
Au 31/12/N+1, l'action est évaluée à 203 €
Au 31/12/N+2, l'action est évaluée à 212 €

Travail à faire :

➥ **Passez les écritures du 15/03/N au 31/12/N+2**

Solution :

		15/03/N		
261		Titres de participation	176 000	
	512	Banque		176 000
		31/12/N		
686		DAP financières	9 600	
	2961	Dépréciations titres de participations		9 600
		31/12/N+1		
686		DAP financières	4 000	
	2961	Dépréciations titres de participations		4 000
		31/12/N+2		
2961		Dépréciations titres de participations	7 200	
	786	RAP financières		7 200

Remarques

B. Valeurs mobilières de placement (VMP)

À la clôture de chaque exercice la valeur actuelle des VMP est considérée comme égale :
- pour **les titres cotés,** au **cours moyen du dernier mois**
- pour les titres **non cotés,** elle est estimée à la **valeur probable de négociation** : prix stipulé lors de transaction, valeur mathématique de rendement, etc.

Pour la cession des VMP, on utilise le compte 767 : produits nets sur cessions de VMP ou 667 Charges nettes sur cessions de VMP et jamais les comptes 675 et 775.

Schéma d'écritures

512		Banque		
	503	Actions A		
	767	Produits nets sur cession des VMP *Sortie de titres A*		
512		Banque		
667		Charges nettes sur cession des VMP		
	503	Actions C *Sortie de titres C*		

II. Mise au rebut

Si une immobilisation n'est plus utilisée, elle doit sortir du patrimoine de l'entreprise. Si le bien n'est pas totalement amorti, c'est-à-dire la durée d'utilisation est inférieure aux prévisions. Cette modification significative de la durée d'utilisation entraîne une révision prospective du plan d'amortissement en une seule annuité qui ramène la valeur nette comptable au niveau de la valeur actuelle, soit zéro.
Il faut débiter le compte 6 871 et créditer le compte 28 pour ramener la VNC à zéro. Les comptes d'immobilisations et d'amortissements sont ensuite soldés.

Ce qu'il faut retenir

- Schéma d'écriture d'une cession d'immobilisation amortissable

681		DAP d'exploitation		
	28	Amortissements *Dotation complémentaire*		
675		Valeurs comptables des éléments d'actifs cédés		
28		Amortissements		
	21	Immobilisations *Sortie de l'immobilisation*		Valeur d'entrée
512 Ou 462		Banque ou Créances sur cessions d'immobilisations		
	775	PEAC		Prix de cession
	44571	TVA collectée		

- Le montant de compte 675 est la différence entre la valeur d'entrée et les amortissements pratiqués jusqu'au jour de la cession.
- S'il y a un amortissement dérogatoire ou une subvention, il faut les apurer.
- Schéma d'écriture d'une cession des titres de participation

675		Valeurs comptables des éléments d'actifs cédés		
	261	Titres de participation *Sortie des titres*		
512		Banque		
	775	PEAC		Prix de cession

- **Attention** : pour les titres de la classe 5, il ne faut pas utiliser les comptes 675 et 775 mais les comptes 667 et 767

CAS BAKAR

Vous êtes apprenti(e) au cabinet BAKAR, il y a trois dossiers à traiter

Dossier 1 cession d'une machine

Mission

L'entreprise DCG cède à crédit le 12 avril N une machine pour un montant HT de 6 000 €.

Cette machine avait été acquise 17 avril N–3 au prix de 100 000 € HT, sa durée d'utilisation est de 5 ans. Elle était admise en amortissement dégressif.

Pour réaliser cette mission, vous devez :

1. Présentez le tableau d'amortissement de cette machine jusqu'à la date de cession.
2. Calculez la valeur nette comptable au 31/12/N–1
3. Enregistrez les écritures de cette cession

Dossier 2 cession des titres de participations

Mission

La société DCG détient des titres de participations suivants de la société CG.

Titres	Date d'acquisition	Quantité	Prix unitaire
Actions CG	05/03/N–3	80	200
Actions CG	20/07/N	120	230

Le 15 septembre la société DCG cède 100 actions CG au prix unitaire de 250 €.

Pour réaliser cette mission, vous devez :

1. Calculez la valeur comptable des actions cédées en utilisant le CUMP et PEPS
2. Enregistrez les écritures de cession en retenant la méthode PEPS.

Dossier 3 cession des titres

Mission

Les détails du portefeuille-titres de la société CG sont donnés ci-après.

Titres	Date d'acquisition	Quantité	Prix unitaire
Titres A	05/03/N–4	80	200
	12/08/N–3	120	250
	20/07/N–2	50	230
Titres B	26/09/N–3	120	120
	11/03/N–2	200	150
Titres C	09/04/N–2	20	300
	07/11/N–1	80	350

Les titres B sont considérés comme des titres immobilisés
Les titres A et C sont des valeurs mobilières de placement.

Au cours de l'année N, la société a cédé :
140 titres A au prix unitaire de 230 €
50 titres C au prix unitaire de 220 €
Elle a acquis
20 titres B au prix unitaire de 200 €
60 titres D de placement au prix unitaire de 150 €, commissions HT 500 €.

Pour réaliser cette mission, vous devez :

1. Enregistrez les opérations courant N

Solution

Dossier 1 : cession d'une machine

1. Plan d'amortissement

Années	VNC début période	DAP	VNC Fin période
N–3	100 000	100 000 × 0,2 ×1,75 × 9/12= 26 250	73 750
N–2	73 750	73 750 × 35 % = 25 812,50	47 937,50
N–1	47 937,50	47 937,50 × 35 % = 16 778 ,13	31 159,37
N	31 159,37	31 159,37 × 50 % × 3/12 = 3 894,92	27 264,45

C'est un amortissement dégressif, le mois d'acquisition compte en entier. Il ne faut pas tenir compte de mois de cession.

2. La VNC au 31/12/N–1 est de 31 159,37
3. Les écritures

681		DAP d'exploitation	3 894,92	
	28 154	Amortissements Matériels industriels *Dotation complémentaire*		3 894,92
675		Valeurs comptables des éléments d'actifs cédés	27 264,45	
28 154		Amortissements Matériels industriels		72 735,55
	2 154	Matériels industriels *Sortie de l'immobilisation*		100 000
462		Créances sur cessions d'immobilisations	7 200	
	775	PEAC		6 000
	44 571	TVA collectée		1 200

Remarque

Si l'immobilisation est concernée par une subvention et/ou un amortissement dérogatoire, au moment de la cession il faut les apurer.

Dossier 2 : cession des titres de participations

1. Valeur comptable

CUMP : [(80 × 200) + (120 × 230)] / (80 + 120) = 218 €

PEPS : 1er lot de 80 actions à 200 € et 20 actions à 230 €.

2. Écritures

675		Valeurs comptables des éléments d'actifs cédés	20 600	
	261	Titres de participation (80 × 200) + (20 × 230) *Sortie de 100 titres*		20 600
512		Banque	25 000	
	775	Produits de cessions EAC		25 000

Dossier 3 : cession des titres

1. Enregistrez les opérations courant N

512		Banque	32 200	
	503	Actions A (80 × 200) + (60 × 250)		31 000
	767	Produits nets sur cession des VMP *Sortie de 140 titres A*		1 200
512		Banque	11 000	
667		Charges nettes sur cession des VMP	5 500	
	503	Actions C (20 ×300) + (30 × 350) *Sortie de 50 titres C*		16 500

271		Titres immobilisés B	4 000	
	512	Banque (20 × 200) *Achat 20 titres B*		4 000
503		Actions D	9 000	
627		Service bancaire	500	
44 566		TVA déductible sur ABS	100	
	512	Banque (60 × 150) *Achat 60 titres D*		9 600

Lien entre deux exercices successifs

Fiche 15

Schéma de synthèse

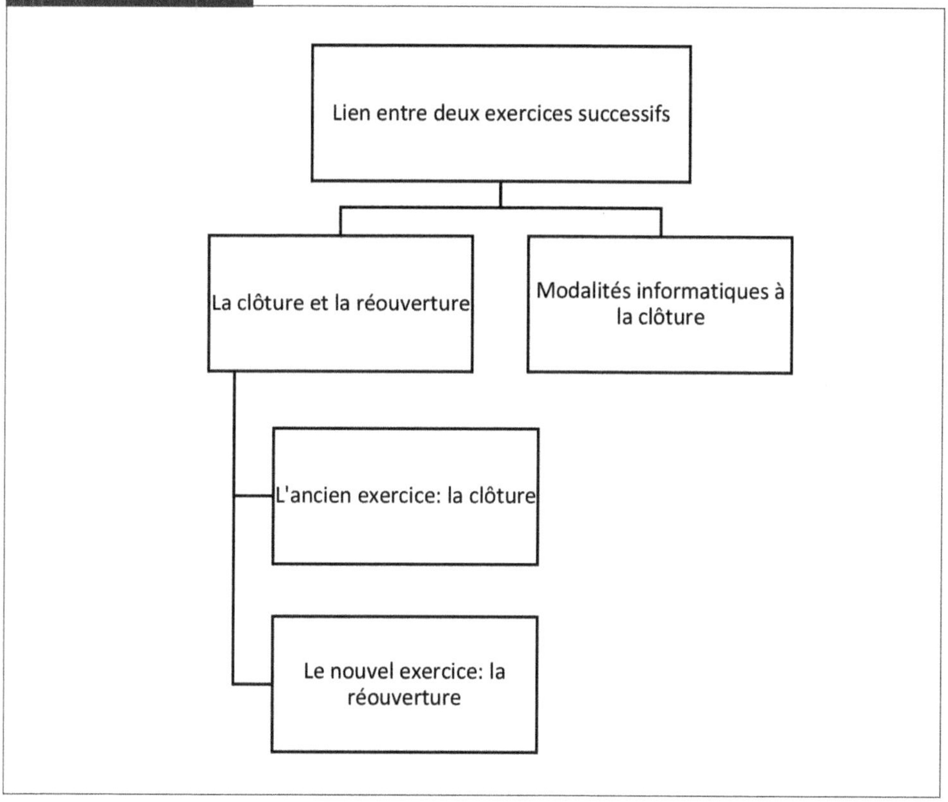

I. La Clôture et la réouverture

Quand toutes les opérations d'inventaire ont été comptabilisées, il faut éditer une balance après inventaire et vérifier que tout est cohérent. Mais la balance est un document interne. Lorsque l'entreprise envoie ses comptes à l'administration fiscale, ou les soumet à son banquier, elle montre les documents de synthèse : Compte de résultat, bilan et l'annexe.

1. L'ancien exercice : la clôture

Les comptes de gestion ne concernent qu'un exercice, après avoir édité les documents de synthèse, il faut solder tous les comptes pour avoir un nouvel exercice avec des comptes à zéro.

Par différence entre les produits et les charges, on obtient le résultat de l'exercice :

120 Résultat de l'exercice- bénéfice

129 Résultat de l'exercice- perte

Produits				
	Charges			
129				
	120			

La modalité informatique préalable à la clôture des comptes est la suivante.

D'un point de vue informatique, la clôture comptable de l'exercice ne peut avoir lieu qu'après une **procédure de validation** des écritures de l'exercice clôturé. Cette validation interdit par la suite toute modification ou suppression des enregistrements comptables validés. Les écritures ultérieures seront ainsi obligatoirement saisies sur l'exercice comptable suivant.

2. Le nouvel exercice : la réouverture

On appelle comptes de bilan les comptes des classes 1 à 5. La reprise des à nouveaux, est la 1re écriture du nouvel exercice. Elle reprend les soldes des comptes 1 à 5 comme ils apparaissent dans la balance, avec en plus soit le compte 120 soit le compte 129.

2182				
512				
530				
	101			
	16			
	120			
	28182			

Avant la fin du nouvel exercice, il faut solder le compte : 120 ou 129. On peut utiliser 119 : report à nouveau solde débiteur dans le cas d'une perte, ou 110 : report à nouveau créditeur et les comptes de réserve dans le cas d'un bénéfice.

120				
	110			
	106			

II. Modalités informatiques à la clôture

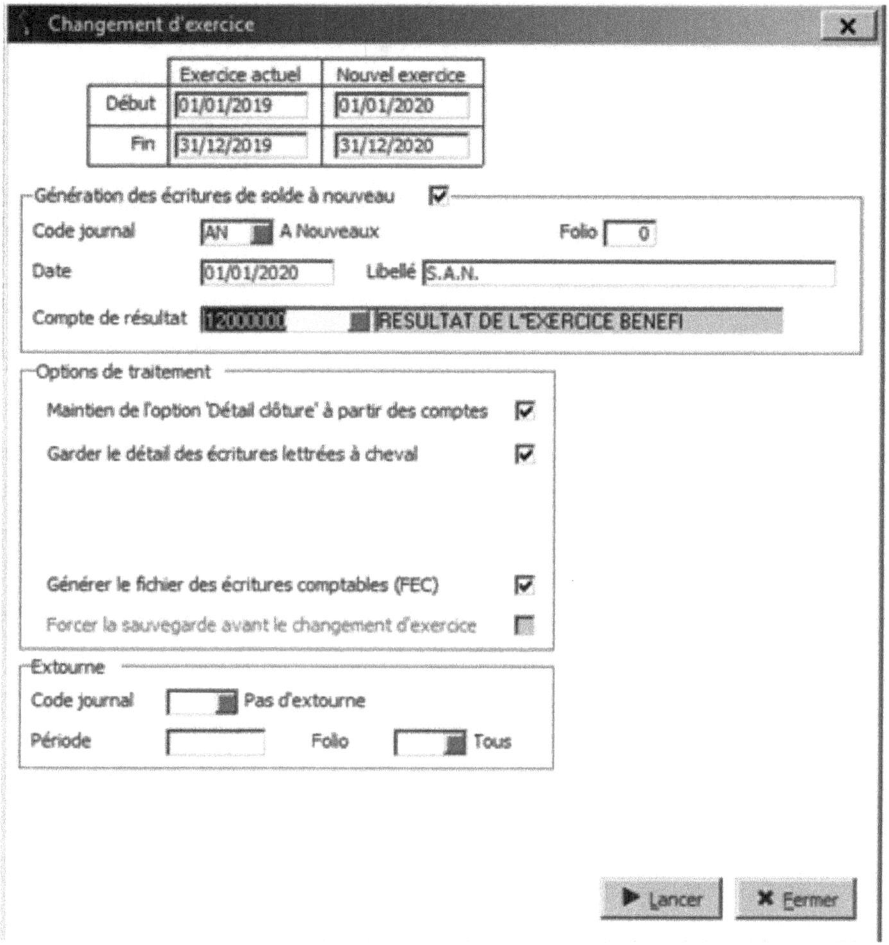

Ce qu'il faut retenir

- Après les travaux d'inventaire, il faut solder tous les comptes de charges et de produits de l'exercice N.
- Il reste le compte résultat.
  – soit une perte qui sera mis en report à nouveau
  – soit un bénéfice qui sera affectée courant N+1.
- Pour les autres comptes de la classe 1 à la classe 5, il faut calculer les soldes et passer l'écriture reprise des à nouveaux pour la réouverture de l'exercice N+1.

CAS MORIN

Mission

Vous disposez de la balance de l'exercice N de la société MORIN et des informations suivantes.

Balance au 31/12/N					
Compte	Intitulé du compte	Sommes		Soldes	
		Débit	Crédit	Débit	Crédit
101	Capital		120 000		120 000
207	Fonds de commerce	30 000		30 000	
211	Terrain	150 000		150 000	
530	Caisse	3 000	1 800	1 200	
512	Banque	29 000	14 800	14 200	
601	Achats des matières premières	85 200		85 200	
607	Achats des marchandises	110 000		110 000	
615	Entretiens et réparations	16 000		16 000	
616	Prime d'assurance	3 400		3 400	
701	Ventes des produits finis		120 000		120 000
707	Ventes de marchandises		170 000		170 000
Totaux		426 600	426 600	410 000	410 000

Au cours de l'exercice N+1, les opérations de l'entreprise MORIN ont été les suivantes :

1-Affectation du résultat de l'exercice N en report à nouveau	
2-Assurance	5 900 €
3-Entretiens et réparations	21 000 €
4-Achats de marchandises	114 000 €
5-Achats de matières premières	70 000 €
6-Ventes de marchandises	160 000 €
7-Ventes de produits fins	120 000 €
8-Timbres	300 €
9-Charges de personnel	
10-Honoraires	15 200 €

Toutes les opérations ont été effectuées au comptant, réglées par chèque bancaire (sauf l'opération 8 en espèces), et ne sont pas soumises à la TVA.

Fin décembre N, toutes les marchandises achetées ont été vendues

Pour réaliser votre mission, vous devez :

2. Enregistrez les soldes des comptes de charges et de produits de l'année N,
3. Comptabilisez, le 01/01/N+1, au journal de l'entreprise MORIN, l'écriture de reprise à nouveau
4. Comptabilisez au journal de l'entreprise les opérations de l'exercice N+1
5. Présentez la balance, le compte de résultat et le bilan au 31/12/N+1
6. Soldez les comptes de charges et de produits de l'exercice N+1.
7. Comptabilisez, le 01/01/N+2, l'écriture de reprise à nouveau

Solution

2. Écritures pour solder les comptes de charges et de produits de l'année N

		31/12/N		
701		Ventes de produits finis	120 000	
707		Ventes de marchandises	170 000	
	120	Résultat		75 400
	601	Achats de matières premières		85 200
	607	Achats de marchandises		110 000
	615	Entretiens et réparations		16 000
	616	Primes d'assurance		3 400

3. Reprise des à nouveaux

		01/01/N+1		
207		Fonds de commerce	30 000	
211		Terrain	150 000	
530		Caisse	1 200	
512		Banque	14 200	
	101	Capital		120 000
	120	Résultat		75 400

4. Enregistrement des opérations de l'année N+1

		Opération 1		
120		Résultat	75 400	
	110	RAN créditeur		75 400
		Opération 2		
616		Primes d'assurance	5 900	
	512	Banque		5 900
		Opération 3		
615		Entretiens et réparations	21 000	
	512	Banque		21 000
		Opération 4		
607		Achats de marchandises	114 000	
	512	Banque		114 000
		Opération 5		
601		Achats de matières premières	70 000	
	512	Banque		70 000
		Opération 6		
512		Banque	160 000	
	707	Ventes de marchandises		160 000
		Opération 7		
512		Banque	120 000	
	701	Ventes de produits finis		120 000
		Opération 8		
626		Frais postaux	300	
	530	Caisse		300

Opération 9				
641		Rémunérations du personnel	42 400	
	512	Banque		42 400
Opération 10				
6 226		Honoraires	15 200	
	512	Banque		15 200

5. Balance, bilan et compte résultat

Balance

N° des comptes	Intitulés	Somme débit	Somme crédit	Solde débiteur	Solde créditeur
101	Capital		120 000		120 000
120	Résultat		75 400		75 400
207	Fonds de commerce	30 000		30 000	
211	Terrain	150 000		150 000	
512	Banque	294 200	286 500	25 700	
530	Caisse	1 200	300	900	
601	Achats de matières premières	70 000		70 000	
607	Achats de marchandises	114 000		114 000	
615	Entretiens et réparations	21 000		21 000	
616	Primes assurance	5 900		5 900	
6 226	Honoraires	15 200		15 200	
626	Frais postaux	300		300	
641	Charges de personnel	42 400		42 400	
701	Ventes de produits finis		120 000		120 000
707	Ventes de marchandises		160 000		160 000
	Total	**744 200**	**744 200**	**475 400**	**475 400**

Bilan de la société MORIN

Actif		Passif	
Actif immobilisé		Capitaux propres	
Immobilisations incorporelles		Capital social	120 000
Fonds de commerce	30 000	Report à nouveau	75 400
Immobilisations corporelles		**Résultat**	**11 200**
Terrain	150 000		
		Dettes	
Actif circulant			
Banque	25 700		
Caisse	300		
Total	206 600	Total	206 600

Compte de résultat de la société MORIN

Charges		Produits	
Charges d'exploitation		Produits d'exploitation	
Achats de matières premières	70 000	Ventes des produits finis	120 000
Achats de marchandises	114 000	Ventes de marchandises	160 000
Entretiens et réparations	21 000		
Primes d'assurance	5 900		
Honoraires	15 200	Produits financiers	
Frais postaux	300		
Charges de personnel	42 400		
		Produits exceptionnels	
Charges financières			
Charges exceptionnelles			
Résultat (bénéfice)	**11 200**		
Total	280 000	Total	280 000

6. Écritures pour solder les comptes de charges et de produits de l'année N+1

01/01/N+2				
701		Ventes des produits finis	120 000	
707		Ventes de marchandises	160 000	
	120	Résultat		11 200
	601	Achats de matières premières		70 000
	607	Achats de marchandises		114 000
	615	Entretiens et réparations		21 000
	616	Primes d'assurance		5 900
	6226	Honoraires		15 200
	626	Frais postaux		300
	641	Rémunérations du personnel		42 400

7. Reprise des à nouveaux

01/01/N+2				
207		Fonds de commerce	30 000	
211		Terrain	150 000	
530		Caisse	900	
512		Banque	25 700	
	101	Capital		120 000
	110	RAN créditeur		75 400
	120	Résultat		11 200

Fiche 16

L'affectation du résultat

Schéma de synthèse

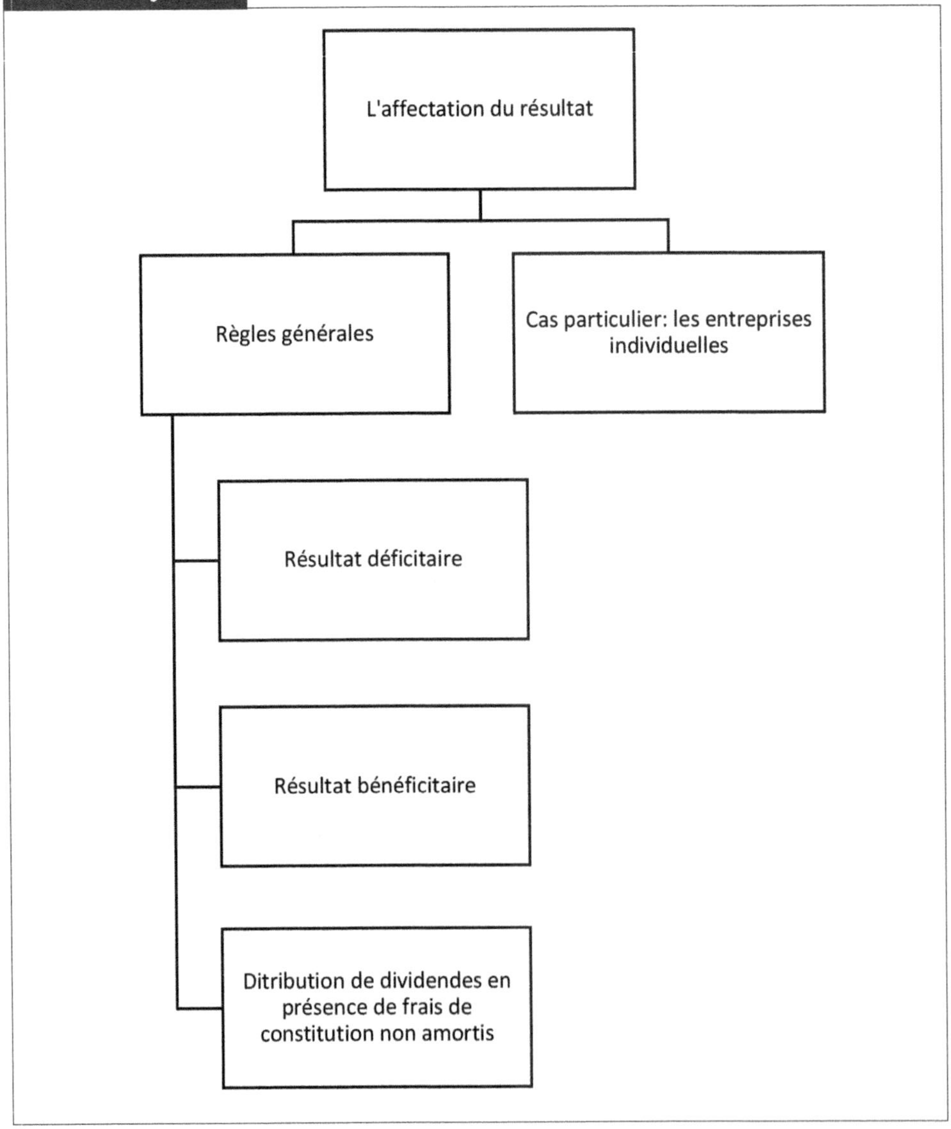

Dans une entreprise individuelle, l'entrepreneur utilise librement ses bénéfices. Dans les sociétés commerciales, l'AGO décide de l'affectation des bénéfices sur proposition des organes d'administration.
Après la clôture d'un exercice comptable, l'entreprise dispose en général de 3 mois pour mener à bien tous les travaux d'inventaire, déterminer son résultat net comptable et présenter ses documents de synthèse à l'administration fiscale.
Au plus tard 6 mois après la clôture de l'exercice, le projet est soumis à l'AGO des associés, qui statue sur les comptes annuels et décide de la répartition du résultat.
Si l'AGO a décidé le versement de dividendes aux associés, le paiement doit avoir lieu au plus tard 9 mois après la clôture de l'exercice.

I. Règles générales

1. Résultat déficitaire

En général la perte est reportée à nouveau en attente des résultats futurs.

119		Report à nouveau (solde débiteur)		
	129	Résultat de l'exercice (perte)		

Il est possible de l'imputer sur les réserves.

1068		Autres réserves		
	129	Résultat de l'exercice (perte)		

Dans les S.A et les SARL, lorsque les pertes cumulées atteignent la ½ du capital, les associés doivent décider de la poursuite ou non de l'activité et de la façon d'apurer les pertes.
Une AGE peut sous certaines conditions décider de les imputer sur le capital.

2. Résultat bénéficiaire

L'AGO décide de l'affectation sur proposition des organes d'administration. Il faut arbitrer entre le souhait des associés (versement de dividendes) et les besoins de la société (constitution de réserves).
La loi et les statuts imposent un certain nombre de calculs.

A. R.N. créditeur compte 110

L'AGO peut décider de ne pas affecter tout ou partie du résultat de l'exercice. Ces sommes seront réparties avec le résultat de l'année suivante. Avant d'envisager toute distribution, l'entreprise doit apurer les pertes antérieures.
Le RAN (N–1) débiteur compte 119 doit se soustraire du résultat de l'exercice N.

B. Réserves

Les soldes des comptes ne correspondent pas à la dotation de l'année mais au cumul des dotations.

- *Réserve légale* (R.L Compte 1 061) : sa dotation est obligatoire dans les SA et les SARL, elle accroît la garantie des tiers. Son montant est de 5 % du bénéfice net, diminué des pertes antérieures (5 % (bénéfice net – RAN (N–1) débiteur) et à concurrence de 10 % du capital appelé ou non. Le prélèvement pour la R.L cesse d'être obligatoire quand la R.L atteint 10 % du capital social (C. Com. art. L. 232-10).
  La R.L peut être compensée avec des pertes, quand il n'existe pas d'autres réserves pour imputer ces pertes. Elle peut être incorporée au capital. En revanche, il est interdit de la distribuer ou de l'utiliser pour racheter ou amortir des actions ou parts sociales car elle constitue avec le capital social le gage des créanciers.
- *Réserve statutaire* (compte 1 063) : sa dotation peut être imposée par les statuts. C'est un % du bénéfice net (exceptionnelle en pratique).
- *Réserve facultative* (compte 1 068) ou autre réserve : sa dotation est librement décidée par l'A G O

C. Bénéfice distribuable

Il est constitué par le bénéfice de l'exercice, diminué des pertes antérieures, ainsi que des sommes à porter en réserve en application de la loi ou des statuts, et augmenté du report bénéficiaire (art. L.232-16 de C. Com.).

Résultat Net
– RAN (N–1) débiteur
– Réserve légale : dotation en application de la loi
– Réserve statutaire : dotation en application des statuts
+ RAN (N–1) créditeur

Bénéfice distribuable

D. Dividende

Les statuts prévoient souvent le calcul des dividendes.

Le dividende est la part de bénéfice attribuée aux associés. Il est composé :

- **d'un intérêt statutaire** (ou 1er dividende rémunère le capital apporté, il est calculé sur le montant libéré des actions ou parts sociales. Si le capital est libéré en cours d'année, on procède à un calcul prorata temporis. Il n'est pas identique pour toutes les parts et actions), les actions amorties n'ont pas droit au premier dividende ;
- **d'un super dividende** (rémunération du risque), il est identique à toutes les parts ou actions totalement libérées ou non ou amorties. Il est calculé en divisant ce qui reste du bénéfice distribuable par le nombre d'actions.

E. Tableau d'affectation et écritures

	Affectations	Origines	Dividendes aux actions
Origines 1- RAN 2- Résultat de l'exercice 3- Prélèvement sur réserves **Affectations** 4- Aux réserves * Légale * Autres 5- dividendes 6- Autres répartition 7- RAN			
Totaux			

Affectation de résultat

120		Résultat, bénéfice		
110		RAN N–1 (créditeur)		
	1061	Réserves statutaires		
	1063	Associés, dividendes à payer		
	457	Associés, dividendes à payer		
	110	RAN, créditeur		

Paiement de dividendes

457		Associés, dividendes à payer		
	512	Banque		

3. Distribution de dividendes en présence de frais de constitution non amortis

En présence de frais de constitution non amortis, la société ne peut distribuer de dividendes, même si au passif il existe des réserves libres. Cette interdiction revêt un caractère absolu.

Les **frais de constitution** : ce sont les frais engagés lors de la constitution de la société (droits d'enregistrement sur les apports, honoraires, débours, dépenses liées aux formalités légales de constitution, dépenses concernant la communication et publicité).

Les **frais d'établissement** comprenant : frais de premier établissement, frais d'augmentation du capital, doivent être amortis avant toute distribution de bénéfices, sauf s'il existe des réserves libres suffisantes. A défaut, il aurait délit de distribution de dividendes fictifs.

Le commissaire aux comptes, connaissant la proposition d'affectation, doit signaler cette irrégularité à l'AGO qui prendra la décision d'affectation.

II. Cas particulier : les entreprises individuelles

L'affectation ne dépend pas d'une décision d'AGO. Elle peut être comptabilisée dès l'ouverture de l'exercice N+1, en virant le montant du résultat au compte 101 capital. Pendant l'exercice N, les sommes prélevées par l'exploitant (avances sur bénéfice à venir) ont été inscrites au débit du compte 108, compte de l'exploitant. Ce compte doit également être soldé en contre partie du compte 101 Capital en fin d'année.

Ce qu'il faut retenir

- La dotation à la réserve légale est **imposée par la loi** (art L. 232-10 du Code de commerce) pour garantir les tiers créanciers des SARL et des sociétés par actions dans laquelle la responsabilité des associés est limitée aux apports. Elle consiste à **prélever un vingtième (5 %) du bénéfice de l'exercice,** diminué le cas échéant, des pertes antérieures. Ce prélèvement cesse d'être obligatoire **lorsque la réserve légale atteint 10 % du capital social.**
- L'intérêt statutaire ou 1er dividende rémunère le capital apporté, il est calculé sur le montant libéré.
- En présence de frais de constitution non amortis, la société ne peut distribuer de dividendes, même si au passif il existe des réserves libres. Cette interdiction revêt un caractère absolu.
- Le superdividende rémunère le risque, il est identique à toutes les parts ou actions totalement libérées ou non ou amorties.
- **Le bénéfice distribuable**
- Il est constitué par le bénéfice de l'exercice, diminué des pertes antérieures, ainsi que des sommes à porter en réserve en application de la loi ou des statuts, et augmenté du report bénéficiaire (art. L.232-16 de C. Com.).

- Résultat Net

  – RAN (N–1) débiteur

  – Réserve légale : dotation en application de la loi

  – Réserve statutaire : dotation en application des statuts

  + RAN (N–1) créditeur

  Bénéfice distribuable

- Le bénéfice distribuable est constitué par le bénéfice de l'exercice, diminué des pertes antérieures, ainsi que des sommes à porter en réserve en application de la loi ou des statuts, et augmenté du report bénéficiaire (art. L.232-16 de C. Com.).
- Le bénéfice distribuable correspond au résultat comptable corrigé du report à nouveau de l'exercice précédent et des dotations des réserves obligatoires.
- Schéma d'écriture
- Affectation de résultat

120		Résultat, bénéfice		
	1061	Réserves statutaires		
	1063	Associés, dividendes à payer		
	457	Associés, dividendes à payer		
	110	RAN, créditeur		
	119	RAN, débiteur N–1		

- Paiement de dividendes

457		Associés, dividendes à payer		
	512	Banque		

CAS AMILCAR

Dossier 1 bénéfice distribuable

Mission

Extrait de la balance au 31/12/N de la société AMILCAR

101 Capita	120 000
1061 Réserves légales	7 000
1063 Réserves statutaires	25 000
1068 Autres réserves	8 500
110 RAN (N–1) Créditeur	2 000

Extrait des statuts :

- Dotation à la réserve légale dans les conditions prévues par la loi
- Dotation à la réserve statutaire : 5 % du solde (arrondi à € inférieur)

Renseignements complémentaires :
H1 : Bénéfice net : 90 000 €. H2 : Bénéfice net : 120 000 €

Pour réaliser cette mission, vous devez :

1. Calculez le bénéfice distribuable dans les deux hypothèses

Dossier 2 Affectation et écritures

Mission

Au 31/12/N, vous disposez des extraits des comptes suivants.

Capital 1 000 actions	100 000
Réserves légale	8 000
Réserve statutaire	5 000
Report à nouveau N–1 (créditeur)	2 000
Résultat de l'exercice N (créditeur)	80 000

L'affectation est conforme aux statuts
Dotation à la réserve légale
Réserve statutaire 10 %
Intérêt statutaire 5 %
Superdividende arrondi à l'euro inférieur
Le reste est porté en report à nouveau

Pour réaliser cette mission, vous devez :

1. Présentez l'affectation
2. Mettez en place le tableau d'affectation
3. Passez les écritures de l'affectation et de paiement de dividendes

Dossier 3 entreprise individuelle

Mission

La boulangerie « bon pain » a réalisé pour l'exercice N un bénéfice de 25 000 €. Monsieur Durant a prélevé 1 500 € tous les mois. Pour réaliser cette mission, vous devez :

1. Passez les écritures

Solution

Dossier 1 : bénéfice distribuable

Hypothèse1		Hypothèse2
Résultat net	90 000	120 000
Réserves légales	4 500	5 000 (1)
Solde	85 500	115 000
Réserves statutaires	4 275	5 750
RAN (N–1) Créditeur	2 000	2 000
Bénéfice distribuable	**83 225**	**111 250**

(1) 120 000 × 5 % = 6 000 or (7 000 + 6 000 = 13 000 > 12 000)

Dossier 2 : affectation et écritures

1. Affectation

Résultat net	**80 000**
Réserve légale (80 000 × 5 %) (1)	**2 000**
Solde	**78 000**
Réserve statutaire (78 000 × 10 %)	**7 800**
Solde	**70 200**
RAN N–1 (créditeur)	**2 000**
Bénéfice distribuable	**72 200**
Intérêts statutaires	**15 000**
Solde	**57 200**
Super dividende théorique (57 200/ 1 000) = 57,2	
Super dividende (57 × 1 000)	**57 000**
Reliquat non affecté	**200**
RAN	**200**
	0

(1) (8 000 + 4 000 = 12 000 > 10 000, 10 % du capital, il faut prendre une dotation de 2 000 pour atteindre le maximum fixé par la loi

2. Tableau d'affectation

	Affectations	Origines	Dividendes aux actions
Origines			
1- RAN		2000	
2- Résultat de l'exercice		80000	
3- Prélèvement sur réserves			
Affectations			
4- Aux réserves			
* Légale	2000		
* Autres	7800*		
5- dividendes	72000		15000 + 57000 = 72000
6- Autres répartition			
7- RAN	200		
Totaux	82000	82000	72000

*7 800 Réserve statutaire

3. Écritures

Affectation de résultat

120		Résultat, bénéfice	80000	
110		RAN N–1 (créditeur)	2000	
	1061	Réserves statutaires		2000
	1063	Associés, dividendes à payer		7800
	457	Associés, dividendes à payer		72000
	110	RAN, créditeur		200

Paiement de dividendes

457		Associés, dividendes à payer	72000	
	512	Banque		72000

Dossier 3 : entreprise individuelle

		Courant N		
108		Compte de l'exploitant	1500	
	512	Banque *Prélèvement*		1500
		31/12/N		
101		Capital	18000	
	108	Compte de l'exploitant *Les prélèvements portés en diminution du capital*		18000
		01/01/N+1		
120		Résultat de l'exercice (bénéfice)		
	101	Capital *Affectation de résultat de l'exercice N*		25000

Fiche 17 Les comptes annuels

Schéma de synthèse

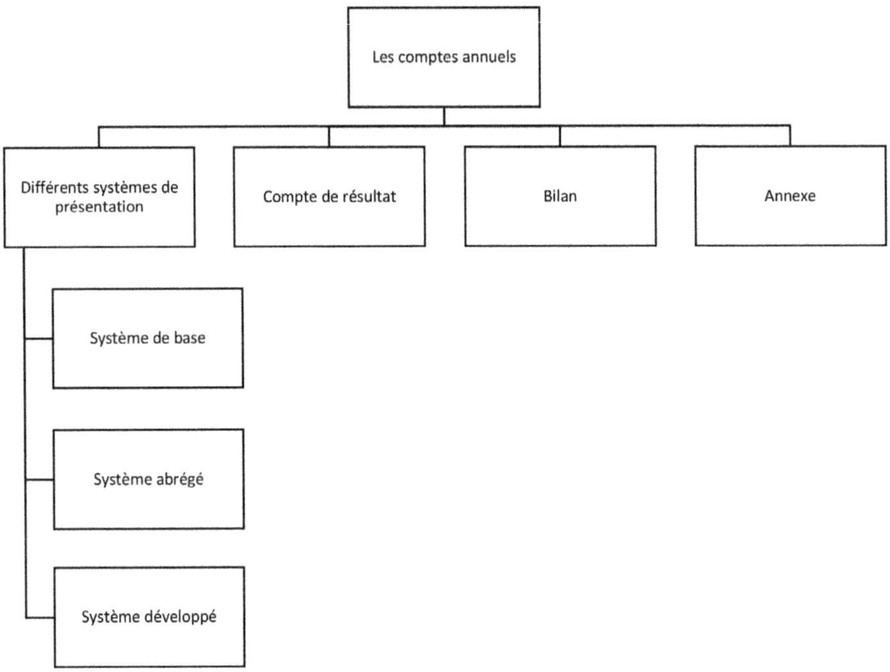

Ces documents, à destination des tiers, doivent donner une image fidèle et synthétique des comptes de l'entreprise.

I. Différents systèmes de présentation

Selon la taille de l'entreprise, le niveau de détail requis est plus important.

1. Système de base

Il comporte les dispositions minimales que doivent respecter les entreprises. C'est le système de référence pour la présentation des documents de synthèse. Il faut respecter le modèle de base dès lors que l'entreprise franchisse 2 des 3 seuils. Total bilan 6 000 000 €, CA HT 12 000 000 €, nombre de salariés 50.

En remplissant ces conditions, les sociétés ne peuvent pas opter pour la présentation simplifiée des comptes.

2. Système abrégé

Il est réservé aux plus petites entreprises.
Total bilan 1 000 000 €, CA HT 2 000 000 €, NB salariés 20. Il ne faut pas dépasser deux des trois seuils pendant deux exercices consécutifs.

3. Système développé

Il peut être choisi par des entreprises qui souhaitent disposer d'informations plus détaillées que celle apportées par le système de base. Il est facultatif.

II. Compte de résultat

Le PCG offre le choix entre deux tracés pour ce document, le modèle en tableau ou en liste, dans les deux tracés, charges et produits sont groupés en trois rubriques principales : charges et produits d'exploitation, financières et exceptionnels. Dans le modèle en tableau, les résultats intermédiaires ne sont pas calculés, on calcule le résultat global : produits – charges. Dans le modèle en liste, on calcule les 3 résultats intermédiaires.

III. Bilan

C'est le document qui fait apparaître la situation patrimoniale active et passive de l'entreprise à la date de clôture de l'exercice.
Les actifs sont les éléments qui représentent les droits dont dispose l'entreprise (droit de propriété sur les biens, droit de créance sur les débiteurs) ils sont inscrits à l'actif de bilan.

L'actif est défini par l'article 211-1 du PCG Comme un élément du patrimoine ayant une valeur économique positive, cette définition repose sur le respect de trois conditions :
– Être un élément identifiable du patrimoine
– Être contrôlé par l'entité
– Procurer des avantages économiques futurs

Les passifs sont les éléments négatifs du patrimoine de l'entreprise ce sont les dettes certaines et probables. Ils sont inscrits au passif du bilan.

Le passif est défini par l'article 211-2 du PCG Comme un élément du patrimoine ayant une valeur économique négative, cette définition repose sur le respect de quatre conditions :

– Il faut qu'il y ait une obligation de l'entité à l'égard des tiers ;
– Cette obligation doit exister à la date de clôture ;
– Cette obligation entraîne une sortie de ressources probable ou certaine ;
– Cette sortie doit être sans contrepartie équivalente attendue

Le modèle d'usage en France est celui en tableau :

Actif					Passif	
Comptes		**Brut**	**DAP**	**Net**		**Comptes**
2	Actif immobilisé				Capitaux propres	10 à 14
3,4,5 et 486	Actif circulant				Provisions pour risques et charges	15
481	Charges à répartir sur plusieurs exercices				Dettes	16, 4 et 5 487
476	Écart de conversion actif				Écart de conversion	477
	Totaux					

IV. Annexe

C'est le 3e document de synthèse. Il comporte et explique les informations fournies par le bilan et le compte résultat. La présentation et la forme des informations à fournir ne sont pas réglementées par le Code de commerce. Le PCG propose des modèles de tableaux : tableau des immobilisations, des amortissements, des provisions et État des échéances des créances et des dettes.

Le PCG propose en outre de faire figurer les 3 tableaux suivants dans l'annexe :

– Tableau des soldes intermédiaires de gestion
– Détermination de la CAF
– Tableau des emplois et des ressources (tableau de financement).

Ce qu'il faut retenir

- Les documents de synthèse à établir à la clôture.
- **Le bilan** est le document de synthèse qui décrit les éléments actifs et passifs de l'entreprise à une date donnée, c'est une image du patrimoine de l'entreprise.
- L'actif est défini par l'article 211-1 du PCG Comme un élément du patrimoine ayant une valeur économique positive, cette définition repose sur le respect de trois conditions :
  - Être un élément identifiable du patrimoine
  - Être contrôlé par l'entité
  - Procurer des avantages économiques futurs
- Les passifs sont les éléments négatifs du patrimoine de l'entreprise ce sont les dettes certaines et probables. Ils sont inscrits au passif du bilan.
- Le passif est défini par l'article 211-2 du PCG Comme un élément du patrimoine ayant une valeur économique négative, cette définition repose sur le respect de quatre conditions :
  - Il faut qu'il y ait une obligation de l'entité à l'égard des tiers ;
  - Cette obligation doit exister à la date de clôture ;
  - Cette obligation entraîne une sortie de ressources probable ou certaine ;
  - Cette sortie doit être sans contrepartie équivalente attendue
- **Le compte de résultat** est le document de synthèse qui récapitule les charges et les produits de l'exercice.
- **L'annexe** est le document de synthèse qui comporte toutes les informations d'importance significative pour expliquer celles données par le bilan et le compte de résultat.
- L'annexe sert à donner des explications sur les informations données dans le bilan et le compte de résultat. On trouve des informations littérales par exemple, la méthode d'évaluation des stocks, le système d'amortissement, les informations concernant le crédit-bail.
- Des informations sous forme de tableaux (tableaux des immobilisations, des dépréciations, des provisions, etc.)

CAS TITIS

Mission

La balance de la société présente les soldes suivants au 30 avril.

Libellé	Solde débiteur	Solde créditeur
Capital		600 000
Réserves		3 000
Fonds de commerce	60 000	
Terrain	170 000	
Matériel de transport	80 000	
Matériel de bureau et informatique	110 000	
Fournisseurs		13 320
Fournisseurs d'immobilisations		62 800
Clients	210 000	
Effets à recevoir	55 710	
TVA déductible sur ABS	3 980	
TVA Collectée		2 000
VMP	5 000	
Banque	45 000	
Caisse	7 140	
Achat de matières premières	160 000	
Missions, réceptions	37 305	
Ventes de produits finis		263 015
Totaux	944 135	944 135

Durant le mois de mai, elle a effectué les opérations suivantes.

2/05- Achat de matières premières pour un montant brut HT de 10 000 €. Paiement par chèque.

4/05- Règlement facture EDF par chèque, montant HT 1 200 €

6/05- Ventes au comptant des produits finis 16 000 € HT

8/05- Avis de crédit reçu de la banque concernant la remise à l'encaissement du 24 avril. Commission 5 % dont TVA 20 %, montant TTC 12 000 €

10/05- Achat photocopieur, montant HT 4 500 €.

13/05- Achat de 20 VMP à 30 € l'unité.

15/05- Remise à l'encaissement à la banque d'effets à recevoir, valeur nominale : 15 000 €

16 :05- paiement par chèque le loyer des bureaux 4 000 €.

18/05- Règlement par chèque les honoraires d'avocat 3 000 €.

22/05- Achat matières premières à ALDO à crédit. Montant brut HT 10 000 €, remise 5 %.

24/05- Reçu avis de crédit de la banque pour la remise de 15/05. Un effet de 2 500 € est impayé. Net en compte 12 455 €.

27/05- Renvoi à ALDO de matières premières achetées le 22/05, brut HT 3 000 €.
ALDO nous accorde un rabais de 3 % sur le solde.
29/05- Règlement d'ALDO par chèque sous escompte de 2 %.

Pour réaliser cette mission, vous devez :

2. Passez les écritures relatives au mois de mai
3. Présentez la balance
4. Présentez le bilan et le compte résultat.

Solution

1- Écritures relatives au mois de mai

		02/05		
601		Achat matières premières	10 000	
44 566		TVA déductible sur ABS	2 000	
	512	Banque		12 000
		04/05		
6 061		Fournitures non stockables	1 200	
44 566		TVA déductible sur ABS	240	
	512	Banque *Règlement EDF*		1 440
		06/05		
512		Banque	19 200	
	701	Vente produits finis		16 000
	44 571	TVA Collectée		3 200
		08/05		
512		Banque	12 000	
	413	Effets à recevoir		12 000
627		Service bancaire	500	
44 566		TVA déductible sur ABS	100	
	512	Banque		600
		10/05		
2 183		Matériel de bureau	4 500	
44 562		TVA déductible sur immobilisations	900	
	404	Fournisseurs d'immobilisations		5 400
		13/05		
503		Valeurs mobilières de placement	600	
	512	Banque		600
		15/05		
5 113		Effets à l'encaissement	15 000	
	413	Effets à recevoir		15 000
		16/05		
613		Loyer	4 000	
	512	Banque		4 000
		18/05		
6 226		Honoraires	3 000	
	512	Banque		3 000

Suite des écritures

		22/05		
601		Achat matières premières	9 500	
44 566		TVA déductible sur ABS	1 900	
	512	Banque *Fournisseur ALDO*		11 400

		24/05		
512		Banque	12 455	
411		Clients	2 500	
627		Services bancaires	45	
	5113	Effets à l'encaissement		15 000
		27/05		
401		Fournisseur ALDO	3420	
	601	Achat matières premières		2 850
	44 566	TVA déductible sur ABS		570
401		Fournisseur ALDO	239,40	
	6 091	RRR obtenus (10 000 × 0,95 – 2 850) × 3 %		199,50
	44 566	TVA déductible sur ABS		39,9
		29/05		
401		Fournisseur ALDO	7740,60	
	765	Escomptes obtenus (7 740,6 × 2 %) / 1,2 = 129,01		129,01
	44 566	TVA déductible sur ABS		25,80
	512	Banque		7 585,79

Avant de mettre en place la balance, il faut faire le grand livre : ensemble des comptes en T pour calculer les différents soldes.

Balance

N° des comptes	Intitulés	Somme débit	Somme crédit	Solde débiteur	Solde créditeur
101	Capital		600 000		600 000
106	Réserves		3 000		3 000
207	Fonds de commerce	60 000		60 000	
211	Terrain	170 000		170 000	
2182	Matériels informatique	114 500		114 500	
2183	Matériels de transport	80 000		80 000	
401	Fournisseurs	11 400	27 420		13 320
404	Fournisseurs d'immobilisations		68 200		68 200
411	Clients	212 500		212 500	
413	Clients effets à recevoir	55 710	27 000	28 710	
44 562	TVA déductible sur immobilisations	900		900	
44 566	TVA déductible sur ABS	8 220	635,70	7 584,30	
44 571	TVA Collectée		5 200		5 200
503	VMP	5 600		5 600	
512	Banque	88 655	29 225,79	59 429,21	
530	Caisse	7140		7140	
601	Achats de matières premières	179 500	2 850	176 650	
6 061	Fournitures non stockables	1 200		1 200	
6 091	RRR obtenus		199,5		199,5
613	Location	4 000		4 000	
6 226	Honoraires	3000		3000	

625	Déplacements, missions,	37305		37305	
627	Services bancaires	545		545	
701	Ventes de produits finis		279015		279015
765	Escomptes obtenus		129,01		129,01
	Total	1040175	1040175	969063,51	969063,51

Bilan de la société DCG fin janvier

Actif		Passif	
Actif immobilisé		Capitaux propres	
Immobilisations incorporelles		Capital social	600000
Fonds de commerce	60000	Réserves	3000
Immobilisations corporelles		**Résultat**	**56643,51**
Terrain	170000		
Matériels informatiques	114500	Dettes	
Matériels de transport	80000		
		Emprunts	
Actif circulant		Fournisseurs	13320
		Fournisseurs	68200
Créances clients et comptes	212500	d'immobilisations	
rattachés	28710		
Clients	3284,3		
Clients-Effets à recevoir	5600		
TVA	59429,21		
VMP	7140		
Banque			
Caisse			
Total	741163,51	Total	741163,51

Compte de résultat de la société DCG

Charges		Produits	
Charges d'exploitation		Produits d'exploitation	
Achats de matières premières		Ventes des produits finis	279015
Fournitures non stockables	176450,5		
Location	1200	Produits financiers	
Honoraires	4000	Escomptes obtenus	129,01
Déplacements, missions	3000	Produits exceptionnels	
Services bancaires	37305		
Charges financières	545		
Charges exceptionnelles			
Résultat (bénéfice)	**56643,51**		
Total	279144,01	Total	279144,01

Attention le résultat doit être le même dans le bilan et dans le compte de résultat. Une entreprise ne peut pas avoir deux résultats différents la même année.

Table des matières

Imprimé en France par CPI
en août 2021

Dépôt légal : août 2021
N° d'impression : 165224